"Cristãos em todo o mundo oram como Jesus os ensinou, dizendo: 'Seja feita a tua vontade, assim na terra como no céu'. Michael Allen desenterra novos tesouros a partir desta frase, argumentando que a esperança celestial — para a vida eterna em comunhão com o Deus trino — deve informar nosso modo de vida terreno. Os quatro capítulos deste livro trabalham variações sobre o tema de que as normas para o comportamento cristão hoje (ética) estão relacionadas à nossa esperança para o amanhã (escatologia). Contra Marx, verifica-se que o céu não é o ópio do povo, inebriando-o na indiferença às injustiças presentes, mas um potente estimulante para trabalhar pelo bem dos outros, negando-se a si mesmo e, no processo, comunicando a bondade de Deus e exibindo o reino vindouro de Deus. O apelo de Allen por uma mentalidade celestial na terra é um provocador corretivo para a ênfase contemporânea dada às concepções de céu interligado à terra.".

— *Kevin J. Vanhoozer*
Trinity Evangelical Divinity School

"Ainda somos capazes de dizer com o discípulo Filipe: 'Senhor, mostra-nos o Pai, e isso nos basta' (João 14.8)? O desejo de nossos corações está ordenado à comunhão perpétua com a Santíssima Trindade, para que a vida eterna nos alegre na medida em que compartilhamos a Vida? Instruído de forma preeminente por João Calvino e John Owen, Michael Allen insiste que nosso encontro com as palavras e ações escatológicas de Jesus Cristo deve nos dar a mentalidade espiritual e a autonegação que nos configuram (e que configuram este mundo) em direção ao Senhor a quem amamos. Os leitores ecumênicos descobrirão que este livro é, em sua essência, um exercício de bom senso bíblico e agostiniano".

— *Matthew Levering*
Mundelein Seminary

"Com sua clareza e vivacidade características, Michael Allen apresenta uma alternativa à recente tendência evangélica de reduzir o céu a proporções humanas — muito humanas. Em seu lugar, Allen articula um relato ricamente teocêntrico do céu que fixa nossas afeições e ações ao objetivo adequado da criação e redenção — o Deus trino tornado conhecido em Jesus Cristo. No lugar disto, Allen apresenta uma visão surpreendentemente contracultural da vida cristã vivida de uma maneira 'celestialmente consciente'. Este vívido livro muda a conversa!"

— *J. Todd Billings*
Western Theological Seminary

"Neste livro provocativo, Michael Allen reorienta nosso pensamento e nossas vidas, como ele mesmo diz, desafiando-nos a 'recentralizar' nossa esperança e vida cristãs no próprio Deus. Precisamos da voz de Allen nesta conversa, pois seus argumentos não são apenas sobre o futuro, mas sobre como vivemos no presente, ajudando-nos a dar sentido ao chamado bíblico para a autonegação e para uma mentalidade celestial conforme desejamos estar com Cristo".

— *Kelly M. Kapic*
Covenant College

"Este é um volume esplêndido. Extraindo com profundidade do passado enquanto envolve uma ampla variedade de vozes contemporâneas, Michael Allen consegue resumir a riqueza do ensino reformado com clareza e perspicácia. Enraizado no Céu: Uma Crítica ao Neocalvinismo enfoca as questões principais e, sob sua esplêndida brevidade, encontra-se um profundo reservatório de pesquisa."

— *Michael Horton*
Westminster Seminary California

Dados Internacionais de Catalogação na Publicação (CIP)
(eDOC BRASIL, Belo Horizonte/MG)

A427e Allen, Michael, 1981-.
     A esperança do céu: um resgate da visão beatífica / R. Michael Allen; tradução Daniel Silva Supimpa – São José dos Campos, SP: Editora Fiel, 2022.
     194 p. : 14 x 21 cm

   Título original: Grounded in Heaven: Recentering Christian Hope and Life on God
   ISBN 978-65-5723-172-2

   1. Desejo de Deus. 2. Visão beatífica. 3. Vida espiritual – Cristianismo. 4. Esperança – Aspectos religiosos – Cristianismo. I. Supimpa, Daniel Silva. II. Título.
                                                         CDD 231.7

Elaborado por Maurício Amormino Júnior – CRB6/2422

A Esperança do Céu:
Um resgate da visão beatífica

Traduzido do original em inglês
Grounded in Heaven: *Recentering Christian Hope and Life on God* por R. Michael Allen
Copyright © 2018 por R. Michael Allen

Publicado em inglês por Wm. B. Eerdmans
4035 Park Street Court SE, Grand Rapids, Michigan 49546

Copyright © 2021 Editora Fiel
1ª Edição em português 2022

Todos os direitos em língua portuguesa reservados por Editora Fiel da Missão Evangélica Literária.

Proibida a reprodução deste livro por quaisquer meios, sem a permissão escrita dos editores, salvo em breves citações, com indicação da fonte.

■

Diretor: Tiago J. Santos Filho
Supervisor editorial: Vinícius Musselman Pimentel
Editor: Rafael Bello
Coordenação Editorial: Gisele Lemes
Tradução: Daniel Silva Supimpa
Revisão: Lucas Vasconcellos Freitas
Diagramação: Wirley Corrêa - Layout
Capa: Rubner Durais
ISBN brochura: 978-65-5723-172-2
ISBN E-book: 978-65-5723-171-5

Caixa Postal 1601
CEP: 12230-971
São José dos Campos, SP
PABX: (12) 3919-9999
www.editorafiel.com.br

MICHAEL ALLEN

A esperança do CÉU

Um resgate da visão beatífica

Para os generosos apoiadores do
Reformed Theological Seminary,
parceiros no evangelho e
modelos de esperança viva.

Sumário

Agradecimentos 11

Introdução:
o eclipse do céu 13

1. No final, Deus
   Recuperando uma escatologia teológica 35

2. A visibilidade do Deus invisível
   Reformando a esperança beatífica 75

3. Mentalidade celestial
   Recuperando o caminho ascético de vida com Deus ... 107

4. Autonegação
   Reformando as práticas de renúncia 157

Epílogo 185

Artigo bibliográfico 187

Agradecimentos

A autonegação começa com o reconhecimento de outros, não apenas do Deus em quem vivemos, nos movemos e temos nosso ser, mas também dos irmãos e irmãs por meio dos quais somos sustentados e fortalecidos. Ao preparar este livro, muitos me abençoaram e deram a ajuda necessária.

O Reformed Theological Seminary ofereceu apoio de vários tipos. O Conselho Administrativo, Ligon Duncan e Scott Swain incentivaram-me a escrever, dando-me tempo e espaço para fazê-lo. Nosso bibliotecário, Michael Farrell, pacientemente buscou recursos para mim repetidas vezes. Meus alunos interagiram com mais textos da teologia ascética patrística e puritana do que eles talvez esperassem quando se mudaram para o reino encantado da Flórida central, e as discussões em sala de aula forneceram fermento criativo para minha própria escrita.

Parte do material deste livro foi publicado em outros lugares. O Capítulo 2 foi lançado anteriormente no Journal of Reformed Theology da editora Brill, e uma versão do capítulo 4 apareceu em um Festschrift publicado pela editora Mohr Siebeck. Agradeço a ambos os editores pela permissão para reproduzir aqueles trabalhos aqui. Também explorei os vários tópicos deste livro em uma série de cinco partes sobre escatologia teológica encomendada por Mark McDowell para o blog Reformation21. O retorno que recebi daqueles leitores foi encorajador e ajudou a clarificar o que eu queria dizer neste livro.

Vários amigos e colegas pacientemente leram e comentaram o manuscrito. Todd Billings, Hans Boersma, Wesley Hill, Matthew Levering, Scott Swain e Geoff Ziegler foram generosos com seu tempo e conselhos. O falecido John Webster fez alguns comentários significativos sobre os três primeiros capítulos. Membros do colóquio do corpo docente do Reformed Theological Seminary e do vizinho Reformation Bible College ofereceram retorno sobre o primeiro capítulo no início de 2015. Por último, James Ernest ajudou-me a trazer o manuscrito à sua forma final. Estou muito feliz por ter trabalhado com ele e com a equipe da Eerdmans neste projeto.

Família e amigos caminharam comigo em tempos de provação e dificuldade e sempre me relembraram da minha esperança celestial. Minha esposa Emily cuidou de mim em meio a desafios físicos e sempre ofereceu seu amor como um testemunho de uma esperança maior do que a mera saúde física. Minha família expandida e meus filhos têm sido um exemplo de oração e paciência (e de não pouco auto sacrifício) em meio às provações terrenas. Nossa congregação, Igreja Presbiteriana New City em Orlando, e nosso pastor, Damein Schitter, modelaram a atenção ao Senhor vivo, cuja graça nunca se extingue. Este livro foi preparado em alguns dos dias mais desafiadores da minha vida, mas não foi feito sozinho. Phil Letizia, Wesley Hill, Scott Swain, Ryan Peterson e Ronnie Perry destacam-se por sua oração e incentivo.

Dedico este volume aos muitos santos que anseiam pela cidade que está por vir e abnegadamente sacrificam seus tesouros terrenos para levantar e equipar aqueles que irão liderar congregações nos anos vindouros e em lugares ao redor de todo o mundo. Suas vidas de amorosa generosidade são um exemplo de uma esperança resoluta e vibrante em Cristo e seu reino. Aos apoiadores do Reformed Theological Seminary, ofereço este livro com gratidão e muita esperança.

Introdução: o eclipse do céu

Às vezes é possível perceber uma tendência ao observar a exceção. Em seu famoso livro *Como (Não) Ser Secular*, o filósofo James K. A. Smith observa que a celebração do significado teológico do ordinário pela Reforma não apenas serviu como um elemento notável de uma renovação leiga no Cristianismo, mas também foi o "primeiro passo para o fim do encantamento — pois de alguma forma a Reforma Protestante abriu a porta para o que se tornaria, por um caminho sinuoso e contingente, um humanismo exclusivo".[1] Ao longo desse livro, Smith não apenas oferece uma genealogia breve e acessível para esta tendência em direção a um humanismo exclusivo, mas também leva seus leitores a considerar a necessidade de pensar além da "moldura imanente" e ter em mente fins maiores ou mais elevados.

O diagnóstico de Smith é chocante quando ele fala de um "eclipse do céu" e um foco em fins que são materiais e terrenos, não espirituais ou transcendentes. Observe que, ao fazer isso, ele não se limita a abordar males fora da igreja, ou mesmo mazelas que marcam as igrejas

---

1. James K. A. Smith, *How (Not) to Be Secular: Reading Charles Taylor* (Grand Rapids: Eerdmans, 2014), 39 [edição em português: *Como (não) ser secular: lendo Charles Taylor* (Brasília: Monergismo, 2021)].

revisionistas ou os cristãos céticos ou nominais em termos eclesiásticos ou sociológicos. Em vez disso, ele diz: "Assim, até mesmo nosso teísmo se torna humanizado, imanentizado, e o *telos* da preocupação providencial de Deus é circunscrito na imanência. E isso se torna verdade até mesmo para pessoas 'ortodoxas': 'até mesmo as pessoas que mantinham crenças ortodoxas foram influenciadas por essa tendência humanizadora; com frequência, a dimensão transcendente de sua fé tornou-se menos central'. Como a eternidade foi eclipsada, o mundano é amplificado e ameaça engolir tudo".[2]

Conforme mencionado acima, uma tendência pode ser vista ao observar-se a exceção. Smith, um professor do Calvin College, uma das principais instituições no mundo neocalvinista ou kuyperiano, abordou uma tendência naturalizante e apontou novamente para a necessidade de ter esperanças além do mundano e do material. Isto não é pouca coisa. Desde que Kuyper articulou o significado de todas as coisas — todas as esferas, todas as facetas da vida para a vocação de alguém diante de Cristo — as igrejas, as instituições e o mundo social influenciados pelo pensamento neocalvinista concentraram fortemente (e, regularmente, com polêmicas muito agudas) uma significativa vitalidade intelectual contra o espiritualismo e em favor da criação, da materialidade, da sociabilidade e de tudo o que é humano. Ver uma das principais luzes no mundo kuyperiano falando em favor do céu é uma questão significativa.

Também não é pouca coisa que essa ênfase tenha surgido neste livro específico de Smith, pois *Como (Não) Ser Secular* é um volume com o subtítulo *"Lendo Charles Taylor"*. Smith realiza aqui um trabalho excepcional ao transmitir de forma acessível e bem refletida muitas das análises intelectuais fornecidas na obra deste filósofo

---

2. Smith, *How (Not) to Be Secular*, 49-50 [edição em português: *Como (não) Ser Secular: Lendo Charles Taylor* (Brasília: Monergismo, 2021)].

Católico Romano, em particular aquelas encontradas em seu livro *Uma Era Secular* (um volume que, como seu anterior *As Fontes do "Self": A construção da identidade moderna*, é tão profundo quanto inacessível para muitos leitores comuns). Em trabalhos anteriores, Smith não enfatizou este tipo de transcendência espiritual com a mesma regularidade encontrada em *Como (Não) Ser Secular*. As notas de rodapé sugerem que o livro *Heavenly Participation*, de Hans Boersma, lançado apenas em 2011, pode ter desempenhado um papel formativo ali.[3] Mas parece óbvio e evidente notar que um Católico Romano tenha sugerido a importância de algo que os participantes das discussões paralelas no mundo neocalvinista não tenham lidado por conta própria.

SOBRE O NATURALISMO ESCATOLÓGICO

Vários autores nos últimos anos têm procurado desviar os cristãos dos perigos de segmentar suas vidas. Os males podem ser descritos sob várias terminologias: às vezes, "gnosticismo" é o rótulo para essas divisões dualistas de nossas vidas; às vezes, "platonismo" ou "platonização" serve como alcunha para esse contratempo através do qual buscamos fugir de nosso contexto; às vezes, o "espiritualismo" representa uma visão malformada do envolvimento de Deus com suas criaturas, como se o Deus trino interagisse conosco apenas em certos momentos litúrgicos ou religiosos e em nenhum outro lugar.

---

3. Hans Boersma, *Heavenly Participation: The Weaving of a Sacramental Tapestry* (Grand Rapids: Eerdmans, 2011). Para outras reflexões recentes sobre a necessidade de se recuperar um fim último espiritual, veja também Matthew Levering, *Jesus and the Demise of Death: Resurrection, Afterlife, and the Fate of the Christian* (Waco, TX: Baylor University Press, 2012); Isaac Augustine Morales, "'With My Body I Thee Worship': New Creation, Beatific Vision, and the Liturgical Consummation of All Things", *Pro Ecclesia* vol. 25, n. 3 (2016), 337-56; e especialmente Charles T. Matthewes, *A Theology of Public Life*, Cambridge Studies in Christian Doctrine (Cambridge: Cambridge University Press, 2008).

Essas preocupações polêmicas foram expressas tanto em formato acadêmico quanto popular. N. T. Wright perguntou: "Primeiro, qual é a esperança cristã definitiva? Em segundo lugar, que esperança de mudança, resgate, transformação, ou novas possibilidades pode haver dentro do mundo no presente?" Ele advertiu que "enquanto virmos a esperança cristã em termos de 'ir para o céu', de uma salvação que está essencialmente fora deste mundo, as duas questões tendem a parecer não relacionadas".[4] Ele é consistente em alertar contra a platonização, mas raramente, se é que o faz, define e fundamenta tais preocupações. Muito mais comum é uma piada como: "E quanto ao platonismo explícito do hino 'Abide with Me' [Habita comigo], ainda um favorito em alguns círculos? 'A manhã do céu nasce e as sombras vãs da terra fogem'".[5] O verso não é de forma alguma antiterreno, nem platônico, mas realmente fala dos raios do sol irrompendo e iluminando a terra, dissipando a noite durante a qual a terra está privada da luz plena do sol. A afirmação de que a terra, separada do céu, é carente não é um platonismo, e muito menos um defeito.

Muitas palavras úteis são encontradas no tratado de Wright e em livros semelhantes. Ele apela para que o Natal seja lido com a Páscoa, e não à parte dela.[6] Ele alerta sobre o tipo de tumulto cultural que levou à normalização da cremação em vez do sepultamento, sugerindo que isso indica uma falta de respeito pelo estado corporificado.[7] Ele reúne fortes argumentos a respeito da veracidade da reivindicação formulada pela Páscoa.[8] Esses e outros pontos específicos são certeiros. E

---

4. N. T. Wright, *Surprised by Hope: Rethinking Heaven, the Resurrection, and the Mission of the Church* (New York: HarperOne, 2008), 5 [edição em português: *Surpreendido pela esperança* (Viçosa: Ultimato, 2009)].

5. Wright, *Surprised by Hope*, 21.

6. Wright, *Surprised by Hope*, 23.

7. Wright, *Surprised by Hope*, 24.

8. Wright, *Surprised by Hope*, 53-76.

sua preocupação geral em casar a escatologia e a ética segue o curso da exortação profética e, posteriormente, da apostólica.[9] No entanto, seu argumento segue consistentemente em direção àquilo que é terreno e minimiza ou zomba do que é celestial, do beatífico, do litúrgico e, especialmente, de tudo o que ele possa considerar platônico.

O foco de Wright na maneira como Deus cria espaço para o outro — especificamente para outros que sejam terrenos e encarnados — em nossa esperança futura teve um efeito generalizado. Wright trouxe a noção rabínica de *zimzum* de volta à discussão escatológica, sugerindo (contra Jürgen Moltmann) que Deus cria um novo espaço no futuro para o outro. Mais recentemente, Rob Bell propagou amplamente essa noção em seu livro *The Zimzum of Love* e, por algum tempo, advogou (em termos semelhantes a Wright) uma preocupação a respeito de como nossa esperança é vista.[10] Para Bell e outros, justiça e beleza são tão importantes quanto o evangelismo; para eles, a corporificação e a harmonia terrena ou *shalom* marcam o centro de nossa esperança futura.[11] Seja nos argumentos mais acadêmicos de Wright ou no *haiku* teológico de Bell, no entanto, vemos que a virada para o corporificado, político e terreno tende a eclipsar o céu. Entender e explorar essa mudança exige que olhemos atentamente para trás de modo a ver de onde tais movimentos vieram, e, portanto, devemos explorar a ampla influência e popularização da tradição neocalvinista em relação à escatologia cristã.

Abraham Kuyper declarou, há um século, que não há um centímetro quadrado nesta terra sobre o qual Jesus Cristo não diga "Meu!".

---

9. Veja especialmente Wright, *Surprised by Hope*, 207-32 (onde ele aborda a presente preocupação com justiça, beleza e evangelismo à luz da esperança cristã).
10. Rob Bell and Kristen Bell, *The Zimzum of Love* (New York: HarperOne, 2016).
11. Veja também "a questão futura" abordada por Brian McLaren, *A New Kind of Christianity. Ten Questions That Are Transforming the Faith* (New York: HarperOne, 2011), 191-206.

Podemos expandir, como ele e seus seguidores fizeram, parafraseando que não há um canto ou recanto da existência humana sobre o qual Cristo não reivindique o senhorio. Esta insistência na soberania de Cristo em tudo e em todas as áreas da vida estimulou o desenvolvimento do pensamento de cosmovisão e subscreveu inúmeras iniciativas educacionais tanto no século XX quanto agora no século XXI, não apenas dentro da comunidade Reformada Holandesa (em lugares como o *Calvin College*), mas também bem fora desse mundo étnico e eclesiástico (como evidenciado pela conhecida forma como Arthur Holmes e o *Wheaton College* descreveriam seus compromissos educacionais e missionários em termos de que "toda a verdade é a verdade de Deus" ou falando da "integração da fé e do aprendizado").

A vitalidade do kuyperianismo tem sido aquela energia centrífuga por meio da qual a teologia cristã clássica e até mesmo a teologia reformada foram aplicadas a novas disciplinas e arenas da vida. Uma ética baseada em princípios foi articulada por todo o mapa; eu digo que essa ética, ou esse senso de chamado, é baseada em princípios porque flui de compromissos fundamentais sobre o evangelho e, de modo mais amplo, sobre o ensino bíblico a respeito da humanidade: nossa natureza e nossos fins. Especificamente, o kuyperianismo em suas várias iterações enfatizou nossa criação como seres holísticos — corporificados, sociais, intelectuais — e nosso destino como filhos e filhas do Altíssimo que estão não apenas redimidos, mas também restaurados — ressuscitados, em paz uns com os outros, sábios, etc. Uma escatologia particular marcou essa linha de desenvolvimento teológico e ético.

Certamente o maior teólogo da tradição neo-calvinista é Herman Bavinck. Sua *Dogmática Reformada* de quatro volumes continua a ter impacto mais considerável do que qualquer texto dessa tradição, pelo menos no domínio da doutrina. Uma das grandes características da obra de Bavinck, em seu amplo terreno, é sua imparcialidade no julgamento: o mestre teológico tinha um aguçado senso de equilíbrio, proporcionalidade e, portanto, não tinha tendências a reagir exageradamente a um ponto indo longe demais em outro. Mantendo distintivos protestantes e reformados não apenas com vigor, mas também com uma clareza incomum, Bavinck consegue colher mais de fontes que eram tradicionalmente engajadas apenas por católicos romanos no contexto do final do século XIX e início do século XX (por exemplo, a tradição tomista de reflexão sobre a natureza e graça). Curiosamente, no entanto, a escatologia de Bavinck, que constitui o ponto culminante de seu quarto volume, concentra-se de forma estreita e polemista sobre uma noção de nova criação que está em oposição a ênfases mais espirituais encontradas em outras partes da tradição cristã. Uma preocupação controversa (um certo tipo de esperança escapista que tem pouco ou nada a ver com a existência humana aqui) parece marcar suas reflexões de uma maneira atípica.[12]

Nos últimos anos, neocalvinistas (como Richard Middleton) e aqueles influenciados por essa tradição (como N. T. Wright, fortemente influenciado por Brian Walsh) falaram em termos ainda mais nítidos a respeito da natureza terrena da esperança cristã. O subtítulo de um livro recente de Richard Middleton é relevante: *A New Heaven and a New Earth*: *Reclaiming Biblical Eschatology* [*Um Novo Céu e uma Nova Terra: Recuperando a escatologia bíblica*, em tradução livre]. Claramente, este subtítulo sugere que uma visão bíblica de nossa esperança foi perdida e assim identifica a problemática logo no início,

---

12. A inclinação naturalista de grande parte da escatologia neocalvinista não parece surgir da própria escatologia de Abraham Kuyper, que manteve um impulso místico e teocêntrico vibrante. O artigo de Hans Boersma, "Blessing and Glory: Abraham Kuyper on the Beatific Vision", *Calvin Theological Journal* 52 (2017): 205-41, assim como o livro do qual esse artigo faz parte (*Seeing God: The Beatific Vision in Christian Tradition* [Grand Rapids: Eerdmans, 2018]), serão um recurso útil a respeito desse tema.

ao falar do "problema da esperança voltada para outro mundo".[13] Middleton afirma que o céu não é nosso destino e fala de canções populares ou expressões de piedade que sugerem tais conceitos como sendo "mentirosas".[14] Middleton não apenas diz quase nada sobre a realidade espiritual ou celestial de nossa esperança, mas critica ou zomba abertamente daqueles que o fazem. O famoso ditado pode até dizer "a esperança é a última que morre", mas essa corrente recente da escatologia reformada talvez tenha deixado ela morrer.

Acho o termo "naturalismo escatológico" útil para descrever essa tendência dentro da tradição neocalvinista, embora eu use o termo "naturalismo" apenas de maneira muito específica. Com relação ao *telos*, ou a direção final de nossa esperança, uma vertente significativa da teologia moderna (influenciada pela cosmovisão de Kuyper) articulou essa esperança de uma maneira naturalista ou materialista. Charles Taylor e James K. A. Smith também notaram isso, portanto não estou aventurando esta tese sozinho. Contudo, eu creio que vale a pena refletir sobre o quão estranho é que esse imanentismo se instalasse no mundo reformado conservador ou tradicional. São agostinianos que acreditam na soberania divina e na agência divina efetiva por trás não apenas da salvação cristã, mas de toda a história humana, providencialmente falando. Dentro do mundo cristão, eles têm a noção mais ampla e profunda da presença divina por todo o nosso mundo e pelas gerações. Mas quando se trata do clímax da história redentiva, os neocalvinistas muitas vezes deixaram de focalizar na comunhão com Cristo, na presença de Deus ou na visão beatífica

---

13. J. Richard Middleton, *A New Heaven and a New Earth: Reclaiming Biblical Eschatology* (Grand Rapids: Baker Academic, 2015), 21-34. Veja movimentos semelhantes feitos em Wright, *Surprised by Hope* [edição em português: *Surpreendido pela Esperança* (Viçosa: Ultimato, 2009)]; e Michael Wittmer, *Heaven Is a Place on Earth: Why Everything You Do Matters to God* (Grand Rapids: Zondervan, 2004).
14. Middleton, *A New Heaven and a New Earth*, 236-237 e 27, respectivamente.

(a imagem clássica da presença espiritual escatológica do Todo-Poderoso) para, ao invés delas, enfatizar o corpo ressuscitado, o *shalom* da cidade e a renovação da terra. O naturalismo não é nenhuma surpresa na modernidade, como explica Taylor, mas o naturalismo escatológico deveria ser um choque.

Rumo a uma teologia sistemática de esperança evangélica

Atento à avaliação de Taylor e consciente da sugestão de Smith, ofereço a essa tendência que estou chamando de "naturalismo escatológico" uma série de reflexões a respeito de como podemos considerar a esperança cristã de uma forma que reconheça a amplitude de reflexão reformacional, e até neocalvinista sem perder de vista o centro espiritual dessa esperança na vida com Deus. Faço isso como alguém que se identifica com o movimento neocalvinista teológica e autobiograficamente. Eu frequentei um colégio cristão em Miami, onde o beisebol pode ter sido marcado por Alex Rodriguez, mas cuja filosofia da educação foi moldada por sua herança reformada holandesa e kuyperiana. Eu me beneficiei de um modelo sistêmico de educação cristã no *Wheaton College*, onde a abordagem de artes liberais e identidade teológica foi influenciada de várias maneiras ao longo do século passado pelo mundo neocalvinista. E, como professor de seminário, exigi a leitura da *Dogmática Reformada* de Herman Bavinck tanto quanto qualquer outro texto escrito na era moderna.

Eu creio, porém, que as ênfases neocalvinistas sobre a nova criação e sobre os aspectos terrenos de nossa esperança podem ter, por vezes, se transformado de correções reformadas produtivas à fé católica em parasitas das linhas básicas do evangelho cristão. Muitas vezes, o desejo de valorizar o comum e o cotidiano, o mundano e o material, não levou ao que deveria ser senso comum para qualquer leitor da

Bíblia: que o céu e o reino espiritual são da mais alta importância. Muito raramente falamos de mentalidade celestial, de mentalidade espiritual, de autonegação ou de qualquer outra terminologia que tenha marcado a tradição ascética (em suas iterações patrísticas ou, mais tarde, nas Reformadas).

Nos capítulos a seguir, é claro que eu não estarei esboçando uma escatologia completa, mas procurarei delinear alguns movimentos fundamentais que serviriam de molde para tal projeto. Este livro é uma infusão de certos nutrientes escatológicos e éticos, buscando compensar uma deficiência grave, e não deve ser tomado como uma dieta holística para a fé e prática cristãs. Tentarei apontar quatro movimentos que são metodologicamente significativos: honrar as prioridades da Bíblia, refletir para além das categorias ou doutrinas a fim de buscar uma teologia integrativa e coerente, permanecer atento à amplitude e diversidade dos ensinamentos bíblicos e, finalmente, observar o modo como a ação ou o comportamento ético são sempre extraídos da descrição escriturística da realidade. Em cada manobra metodológica, tentarei notar como determinado aspecto material da escatologia bíblica vem à tona, apresentando as estruturas básicas de uma esperança evangélica que está centrada na presença da aliança de Deus, calibrando essa presença de uma forma centrada em Cristo, destacando a maneira pela qual essa esperança é aquela que molda nossa vida, concentrando nossa atenção no céu. Finalmente, trarei indagações sobre como o mesmo Jesus que já nos justificou agora nos chama, por meio de seus emissários proféticos e apostólicos, a morrer e nos sacrificar em prol de uma esperança e uma vida maiores (reivindicando assim um ascetismo distintamente evangélico, que segue a tradição de Calvino e dos Puritanos em sua recepção da tradição ascética patrística).

Algumas orientações devem ser dadas ao leitor antes de nos lançarmos à discussão. Em primeiro lugar, devemos explicar por que a escatologia e a ética devem ser pensadas juntas. Embora os estudiosos da Bíblia tenham delineado esta conexão nas últimas décadas, ela ainda permanece pouco valorizada. Embora não possamos extrair toda a nossa ética do ensino escatológico (pois devemos também arraigar a teologia moral na criação e outras facetas do ensino cristão), não podemos compreender os apelos morais do Deus trino à parte dos fins para os quais ele chama seus filhos e filhas.

Em segundo lugar, devemos enfrentar seriamente a maior acusação feita contra minha interjeição, a saber, que isto levaria a um quietismo moral. De fato, alguns podem sugerir que a mentalidade celestial é território dos privilegiados e um luxo que não pode ser desfrutado pelos preciosos irmãos e irmãs que sofrem de várias maneiras ao redor do mundo. Se for verdade, isto mostraria a incompatibilidade de meu projeto com os caminhos de Jesus e do Deus de Israel, pois eles mostram claramente uma propensão a se aproximar dos marginalizados. No entanto, acredito que podemos ver que uma mentalidade celestial e uma abordagem que está genuinamente atenta à prioridade (embora não exclusividade) do espiritual e do teológico irão realmente aprofundar e promover atenção e ativismo a respeito das questões relativas ao amor ao próximo, ao "Outro" excluído, e até mesmo aos nossos inimigos.

Finalmente, devemos comentar a estrutura do livro e a maneira como ele defende uma recuperação teológica, bem como uma reforma evangélica, buscando modelar um relato dogmático completo que interage com a tradição católica, mas permanece avançando em tom reformado.

Esperança viva:
Sobre a conexão entre escatologia e ética

A descrição bíblica do discipulado começa no final da história. Deus motiva e convoca a autonegação e o amor ao próximo falando primeiramente sobre para que fomos feitos e o que Deus nos dá em Jesus Cristo. Bênçãos futuras estimulam o comportamento atual. O ritmo das parábolas do reino de Deus mostra essa lógica ética vez após vez. Quando avaliamos o valor, a beleza e a bondade do tesouro escondido no campo, então, e somente então, vendemos com alegria tudo o que temos para comprar aquele campo (Mt 13.44).

Os escritos apostólicos tomaram essa ética escatológica e a estenderam a várias situações.[15] Os escritos do Novo Testamento seguiram Jesus ao chamar mulheres e homens a amarem seu próximo de maneira radical e negarem sua própria causa para honrar a Cristo e abençoar outros. Romanos 12—15 ilustra esse tipo de vocação moral, em que os inimigos devem ser amados (12.14-21), os tiranos devem ser honrados (13.1-7) e os outros devem ser bem-vindos (14.1-23). Faremos bem em perguntar não apenas o que Paulo nos pede, mas também como ele motiva esse amor. O apóstolo Paulo não falou apenas a respeito da justificação somente pela fé e, em seguida, exortou os cristãos romanos para a transformação moral. Tal esboço deixaria de ver a descrição densa do evangelho oferecida especialmente em Romanos 5–11 e sugeriria um salto de Romanos 4 direto para o capítulo 12. Paulo primeiro atesta a reluzente esperança que possuímos como filhos adotivos (cap. 8) e como um povo (caps. 9—11). Um retrato vívido de nossa esperança serve para mostrar as "misericórdias de Deus" que compelem nossa adoração a Deus por meio de "nos apresentarmos como sacrifícios vivos" (Rm 12.1).

---

15. Para uma série de meditações pastorais a esse respeito, veja Benjamin J. Gladd e Matthew S. Harmon, *Making All Things New: Inaugurated Eschatology for the Life of the Church* (Grand Rapids: Baker Academic, 2016); para um esboço exegético mais detalhado dessas conexões, veja G. K. Beale, *A New Testament Biblical Theology: The Unfolding of the Old Testament in the New* (Grand Rapids: Baker Academic, 2011) [edição em português: *Teologia bíblica do Novo Testamento: a continuidade teológica do Antigo Testamento no Novo* (São Paulo: Vida Nova, 2018)].

Paulo sugere nos termos mais amplos que a esperança motiva a viver de maneira Cristã. A convocação específica delineada nesses capítulos é consistentemente descrita como fluindo da fé na promessa específica de Deus.[16] Portanto, o amor radical a nosso inimigo não só se baseia apenas no ensino de Jesus no passado (Mt 5.42-47), mas também anseia por julgamento prometido no futuro. Porque sabemos que Deus diz "Minha é a vingança; eu retribuirei", somos libertos de responder aos maus tratos como justiceiros e libertos para negar nossos próprios direitos por amor aos outros (Rm 12.19, NVI). O desejo criado em nós por justiça e integridade impulsiona um anseio por reação ao dano; Paulo não rebaixa esse desejo, embora o redirecione. Paulo nos aponta para a promessa de Deus de que ele corrigirá todos os erros no final, para que sejamos libertos de nossos esforços banais e invariavelmente desumanos de fazermos isso por nós mesmos e libertos para o notável testemunho de amar nossos inimigos, assim como Cristo nos amou quando éramos seus inimigos. A fé impulsiona obras. A esperança pelo que Deus prometeu amanhã molda a vida hoje.

Espiritualidade e o *status quo* social: Não seria a mentalidade celestial um privilégio da elite?

Podemos perguntar, contudo, se uma mentalidade voltada para o céu não é simplesmente privilégio de quem tem espaço e recursos para evitar preocupações com saúde, provisão e segurança. Não seria

---

16. Romanos clama pela "obediência da fé" (Rm 1.5; 16.26), critica o Israel da antiguidade por não seguir a lei "pela fé", mas, em vez disso, buscá-la "como se fosse pelas obras" (9.30-32), e observa que qualquer coisa feita à parte da fé é pecado (14.23). Assim como Hebreus 11.1—12.2, Romanos nos chama a obedecer a Deus e a amar tanto a ele quanto aos outros por uma motivação cristã específica: fé nas promessas do evangelho. A esperança promove uma vida de adoração e testemunho.

incrivelmente contraproducente pedir uma mentalidade celestial mais profunda ao lidar com situações de necessidade, opressão, trauma ou mesmo de abuso? Não seria o chamado celestial um ópio para as massas ou uma distração de questões reais dignas de preocupação? Isso não perpetua o abuso ou desvia a atenção da verdadeira reforma moral e social? Espero que todo cristão considere tais desafios dignos de preocupação, pois a consciência social é um dom de Deus e um sinal de ser abençoado pela conformidade com o caráter daquele que carrega os fardos dos fracos e corre rapidamente para resgatar os oprimidos.[17]

Vale a pena ler a Bíblia não apenas para ver o que ela diz a respeito de certos assuntos tratados nela, mas também para observar onde e quando os tópicos são abordados. A mentalidade celestial não aparece como o luxo dos proprietários de terras ou como um privilégio daqueles que têm posses. Na Bíblia, um foco resoluto nas inflexões futuras da esperança do evangelho tende a aparecer precisamente nos momentos em que o povo de Deus sofre as dores mais profundas. É quando eles foram espalhados para longe de casa como "exilados eleitos da dispersão" (1Pe 1.1 NVI) e enfrentam não apenas as provações do dia (1.6), mas também a ameaça de maus-tratos (2.19; 3.6) ou perseguição (3.14-17) que o apóstolo Pedro

---

17. Veja especialmente as bem-aventuranças em Mateus 5.3-12 para perceber a maneira como a conformidade moral com Deus é parte de nossa bem-aventurança por sua graça. A preocupação com a retidão moral e a justiça social exige uma definição bíblica e teológica que não pode simplesmente ser tomada como certa em uma sociedade pluralista (ou, nesse caso, em qualquer conversa conduzida por pecadores como nós), mas tais dores na consciência também não podem ser evitadas como se fossem opcionais à cristoformidade prometida no evangelho (por exemplo, Romanos 8.29-30 promete que somos predestinados a ser conformados à imagem do próprio Filho de Deus, exatamente aquele que se importa e morre até por seu inimigo). Embora a objeção ativista a um enfoque espiritual possa e deva ser superada (veja mais abaixo), não é errado importar-se profundamente com as implicações morais e políticas do senhorio de Deus para todo o nosso comportamento.

aborda a bendita "viva esperança" trazida "mediante a ressurreição de Jesus Cristo dentre os mortos", que é "uma herança incorruptível, sem mácula, imarcescível, reservada nos céus para vós outros" (1.3-4). O chamado para "serem criteriosos e sóbrios" e "continuarem a amar-nos uns aos outros com sinceridade" decorre da promessa de que "o fim de todas as coisas está próximo" (4.7). Pedro chama nossa atenção para o céu precisamente em meio ao momento presente, repleto de perigo e dor.

De modo semelhante, a Epístola aos Hebreus orienta a imaginação do cristão em direção ao céu em meio a uma situação que só pode ser chamada de traumática e conflituosa. O autor fala de lutas que os leitores experimentaram no passado: "Lembrai-vos, porém, dos dias anteriores, em que, depois de iluminados, sustentastes grande luta e sofrimentos" (10.32). Parece que alguns foram maltratados publicamente — provavelmente por meio de prisão ou outras penalidades cívicas — e outros estavam dispostos a serem identificados juntamente com aqueles que estavam sendo punidos por sua fé, muito provavelmente fornecendo apoio material aos presos. Parece que essa experiência de luta traria dúvida às próprias reivindicações de Jesus; se dor e sofrimento vieram, seria um sinal de que estávamos errados em deixar o caminho judaico mais amplo e seguir esse suposto Messias?[18] Os hebreus estão lutando para continuar a jornada, e o perigo é que estes possam cair ou desistir de Cristo completamente, voltando a oferecer pelos pecados os sacrifícios do templo (ver 2.1-4; 3.1—4.13; 5.11—6.12; 10.19-39; 12.12-29).

A motivação para a fidelidade contínua, oferecida repetidas vezes em Hebreus, assume várias formas, uma das quais é celestial. De fato, Hebreus 10 expõe esta perspectiva ao falar do fato de que os leitores

---

18. João Batista expressou uma preocupação semelhante em Mateus 11.2-6.

ainda não apostataram em meio ao sofrimento. "Vocês se compadeceram dos que estavam na prisão e aceitaram alegremente o confisco dos próprios bens, pois sabiam que possuíam bens superiores e permanentes" (10.34, NVI). Os "bens superiores", os únicos que eram "permanentes", deram conforto às almas emboscadas dos hebreus. E eles não naufragaram em sua fé. Essa congregação compartilha uma "vocação celestial" (3.1), e eles compartilham esse fim com os santos do passado, cujas histórias são contadas no capítulo 11.

Nessa procissão de fiéis, a luta é comum, e não rara. E novamente o celestial caracteriza o impulso motivador dessas mulheres e homens que se foram.

> Todos estes morreram na fé, sem ter obtido as promessas; vendo-as, porém, de longe, e saudando-as, e confessando que eram estrangeiros e peregrinos sobre a terra. Porque os que falam desse modo manifestam estar procurando uma pátria. E, se, na verdade, se lembrassem daquela de onde saíram, teriam oportunidade de voltar. Mas, agora, aspiram a uma pátria superior, isto é, celestial. Por isso, Deus não se envergonha deles, de ser chamado o seu Deus, porquanto lhes preparou uma cidade. (Hebreus 11.13-16)

Como os "bens superiores" mencionados em 10.34, assim também eles desejam uma "pátria superior". Eles procuram uma "pátria" ou lugar que seja o seu ambiente nativo, mas esta permanece adiante e é identificada como "celestial".

Eventualmente, Jesus será identificado como o "autor e consumador da fé" (12.2). Como a "grande nuvem de testemunhas" (12.1), ele lutou e sofreu. Tal servo sofredor "suportou a cruz, não fazendo caso da ignomínia", e o fez "em troca da alegria que lhe estava proposta" (12.2). Provavelmente aludindo à promessa de Isaías 53.10, o autor aqui retrata a batalha da fé como fixada em uma esperança celestial encontrada do outro lado do sofrimento. Moldado pela imaginação profética de Isaías, na qual o servo sofre antes de encontrar o cumprimento de sua alegria, o autor elogia o próprio Jesus como peregrino obediente e altruísta precisamente porque ele mantém uma mentalidade celestial. Não é surpreendente que Hebreus leia Jesus e os santos do Antigo Testamento desta forma pois esta é uma dinâmica bastante comum, evidente para os leitores do Antigo Testamento, a saber, que a esperança celestial sustenta o povo de Israel em épocas de dificuldade.[19]

Não é de surpreender que os cristãos em várias situações de opressão e luta tenham apreciado as entonações da mentalidade celestial presentes no testemunho bíblico. Os *spirituals*[20] afro-americanos servem como emblemas desse tipo de espiritualidade semelhante à de Israel, em que a resiliência espiritual é instilada pelas vívidas reivindicações de uma esperança viva.[21] A preocupação com o céu não era um privilégio possuído apenas pela classe dominante, mas marcava a trama e a urdidura das tendências espirituais que sustentavam um povo aterrorizado na terra. E esta mentalidade celestial continuou a marcar a piedade e a pregação de líderes como Martin Luther King Jr. em sua liderança dos movimentos pelos direitos civis da década de 1960.[22] A determinação espiritual não era ornamental ou instrumental, mas constitutiva do tipo de testemunho mantido por

---

19. Walter Brueggemann delineia o significado de "memórias energizantes" e "esperanças radicais" para a prática contínua da profecia no antigo Israel em *The Prophetic Imagination*, 2a. ed. (Minneapolis: Fortress, 2001), ver especialmente 59-80.

20. N. do T.: Estilo de música desenvolvido entre escravos de origem africana durante o período de escravidão nos Estados Unidos.

21. Veja especialmente Howard Thurman, *Deep River: Reflections on the Religious Insight of Certain of the Negro Spirituals* (New York: Harper, 1955).

22. Veja especialmente Martin Luther King Jr., "A Time to Break Silence", em *I Have a Dream: Writings and Speeches That Changed the World*, ed. James M. Washington (San Francisco: HarperSanFrancisco, 1992), 139-40.

King e outros ativistas cristãos.[23] A justiça, em última análise, exige o amor como um impulso motivador; portanto, o afeto pela "pátria superior" (Hb 11.16) deve ser instilado e formado, prolongado e sustentado. Assim, longe de desviar a atenção da preocupação com a justiça e misericórdia na cidade terrena, a mentalidade celestial pode muito bem fornecer o oxigênio e a energia pelos quais ela prossegue.

Na verdade, devemos lembrar que a mentalidade celestial não isenta ninguém de outras ações, embora reordene os amores e, portanto, o testemunho de alguém. A mentalidade celestial provoca um sentimento mais profundo de lamento e raiva por aquilo que nos frustra, nomeando-o não apenas como as perniciosas forças de mercado, a desordem psicológica, o colapso nos sistemas familiares ou a inquietação política, mas como aquela realidade verdadeiramente combativa que só pode ser chamada de pecado ou violência espiritual.[24] A mentalidade celestial, então, aumenta o volume de nossa

---

23. Mais recentemente, esse tipo de chamado espiritual para a conversão e recalibração da esperança e do desejo é lido, até mesmo por simpatizantes, como ornamental ou instrumental. Assim, por exemplo, E. J. Dionne, em uma conversa com David Brooks e Krista Tippett, parafraseia este apelo como uma preocupação com a conversão no simples sentido de acreditar que se pode conquistar os críticos (ver http://www.onbeing.org/program/david-brooks-and-ej-dionne-sinfulness-hopefulness-and-the-possibility-of-politics/transcript): "E havia um espírito nessa forma de cristianismo que, por um lado, era militante e exigia justiça. Mas, por outro lado, a pregação de Martin Luther King era muito sobre conversão e redenção. E King realmente acreditava que seria possível converter adversários. E pouco temos a sensação de que a conversão é possível agora em nossa conversa política. E a conversão é uma via de mão dupla. As pessoas precisam mudar à medida que se relacionam". Embora a preocupação de Dionne com a conversa cívica e o bem da cidade terrena valha a pena, ela empalidece diante da necessidade de abordar a morte espiritual e sua conexão com a cidade celestial (como era feito regularmente por Martin Luther King Jr.).

24. É revelador que Cornel West tenha repetidamente identificado o "*blackout* espiritual" como a grande luta do Ocidente moderno, indo além das categorias estreitamente materiais, políticas, ideológicas ou psicológicas para algo mais profundo e resolutamente teológico (que então serve como uma fonte de desgosto para outras áreas).

audição moral para que estejamos mais alertas às dores de nossos preciosos irmãos e irmãs. A mentalidade celestial não apenas nos orienta a observar e sentir tais justaposições entre os projetos do reino de Deus e a experiência de cada dia, mas também nos motiva a atos de autossacrifício em prol do bem comum. Ao fixar nossas afeições e esperanças em algo mais profundo e duradouro, ela nos liberta para abrir mão daquilo que é nosso em favor de outros.

A ESTRUTURA DO LIVRO:
SOBRE A RECUPERAÇÃO CATÓLICA[25] E A REFORMA EVANGÉLICA NA TEOLOGIA DOGMÁTICA

A escatologia nos séculos XX e XXI, especialmente na tradição teológica reformada, procurou atestar o caráter terreno de nossa esperança e extrair suas consequências éticas de uma maneira nova e vital. Na medida em que isto levou de volta aos testemunhos bíblicos e avançou para uma imaginação cristã autêntica sobre o eu (*self*) e o mundo diante de Deus, está tudo muito bem. Mas, muitas vezes, esse quadro escatológico tem sido muito estreito (o que Charles Taylor chamou de "moldura imanente") e, portanto, tem tirado Deus de cena, pelo menos em última análise. Deus foi instrumentalizado e os fins foram imanentizados.

Meu argumento procede por meio de dois movimentos analíticos: da esperança à vida; e da recuperação à reforma. Será benéfico para os leitores esboçar um pouco o significado de cada movimento antes de prosseguir. Primeiro, procuramos recuperar a escatologia e a ética cristãs clássicas. Esperança e vida estão enredadas na tradição

---

25. N. do T.: "católico" é um termo que pode ser usado para se referir à igreja de Cristo da maneira mais ampla possível. Desta maneira, estariam também incluídas as igrejas protestantes clássicas, as igrejas ortodoxas orientais, as igrejas pentecostais, entre outras, não somente a Igreja Católica Apostólica Romana (redigida aqui com letras maiúsculas, por se tratar de nome próprio).

cristã e, portanto, dividimos este livro em duas partes — esperança (escatologia) e vida (ética ascética) — como um dispositivo heurístico e não em uma dicotomia estrita. Consideraremos primeiro as maneiras pelas quais precisamos atender mais cuidadosamente a uma escatologia teológica e até mesmo teocêntrica. Em seguida, rastrearemos as implicações éticas que essa esperança viva tem para a teologia ascética em várias facetas, principalmente na mentalidade celestial e na autonegação. Ambas as partes são interjeições na conversa atual a respeito da escatologia e ética cristãs, buscando reorientar uma conversa que se desviou do caminho clássico por cerca de um século. O livro não procura abordar, muito menos argumentar a favor de, todos os componentes de uma doutrina cristã das últimas coisas ou de uma teologia moral. Este livro é uma infusão teológica de nutrientes essenciais, e não uma dieta completa ou cotidiana.

A recuperação e a renovação moldarão a maneira como procedemos em cada área, sugerindo que ouçamos melhor a Escritura quando nos envolvemos com a igreja à qual ela foi dirigida e onde a recebemos. Cada parte do livro, então, começa com uma recuperação.[26] Na primeira parte, descreveremos a necessidade de retornar, em nossa escatologia, a um foco teocêntrico em uma visão beatífica de Deus, em oposição ao domínio dos aspectos terrenos na teologia neocalvinista recente. Na segunda parte, procuraremos retratar o significado sistêmico da teologia ascética e da mentalidade celestial para a teologia cristã clássica (recorrendo especialmente a escritores patrísticos e puritanos), tentando demonstrar seus envolvimentos

---

26. Para uma exposição de teologia da recuperação, veja especialmente Michael Allen e Scott R. Swain, *Reformed Catholicity: The Promise of Retrieval for Theology and Biblical Interpretation* (Grand Rapids: Baker Academic, 2015); veja também John Webster, "*Ressourcement* Theology and Protestantism", em *Ressourcement: A Movement for Renewal in Twentieth-Century Catholic Theology*, ed. Gabriel Flynn e Paul D. Murray (Oxford: Oxford University Press, 2011), 482-94, e Darren Sarisky, ed., *Theologies of Retrieval: An Exploration and Appraisal* (London: T & T Clark, 2017).

com todas as facetas da fé e prática cristã. A tradição católica não é homogênea em nenhuma das áreas, embora notemos algumas preocupações centrais compartilhadas por todos (muitas vezes contra as tendências modernas), bem como algumas linhas fundamentais tocadas por figuras localizadas dentro dessa orquestra clássica.

Entretanto, o livro não é apenas um argumento para recuperação e, portanto, ele avança para avaliar e promover as reformas dentro dessa tradição católica. Então, em segundo lugar, delineamos as maneiras pelas quais a tradição teológica reformada reformou esses princípios cristãos básicos. Vamos propor que nossa escatologia teocêntrica deve ser centrada na visão de Deus (*visio Dei*), mas também que a teologia trinitária reformada (ao longo das linhas sugeridas por John Owen) caracteriza a visibilidade de Deus em uma chave especificamente cristológica. Na segunda parte, traçaremos as maneiras pelas quais João Calvino afirmou e estruturou a teologia ascética, atestando a autonegação como o princípio central da vida cristã, mas também insistindo que esta seja normatizada pelas Sagradas Escrituras e entendida à luz de nossa justificação prévia em Cristo. Procurando honrar a especificidade de Cristo como a manifestação final de Deus e a dupla graça do evangelho, defenderemos um refinamento da doutrina católica da visão beatífica e da prática cristã de autonegação ascética que melhor se relaciona com os princípios reformacionais do *solus Christus* e da *sola fide*.

Começaremos, então, considerando a esperança cristã antes de nos voltarmos para o modo como ela sugere um modo de vida particular para aqueles que se entregam à sua promessa.

1. No final, Deus
Recuperando uma escatologia teológica

De muitas maneiras, a escatologia atingiu a maioridade no século XX. Naquele século, Karl Barth disse que qualquer teologia que não seja totalmente escatológica não tem nada a ver com Jesus Cristo. Naquele século, Ernst Käsemann argumentou que o apocalipcismo é a mãe de toda teologia. Essas afirmações sobre a importância da escatologia foram acompanhadas por novas ênfases relacionadas à substância da escatologia. E, talvez mais do que qualquer outra pessoa, Jürgen Moltmann insistiu que a escatologia impregna a fé cristã e revigora a imaginação moral e política com esperança. Também dentro da esfera de influência da teologia reformada holandesa — especialmente aquela baseada na obra de Abraham Kuyper e no chamado neo-calvinismo do final do século XIX e início do século XX — a escatologia tem sido uma importante área de estudo. As reformas propostas na escatologia atingem a natureza da esperança e do *telos* cristão (vida eterna no céu? Novos céus e nova terra?). As palavras de ordem desta nova ênfase podem ser identificadas: "corporificado", "terreno", "cósmico" e "holístico".

Reformas podem ser produtivas ou parasitárias. Teologicamente falando, as tentativas de revitalizar uma doutrina, uma prática ou uma igreja às vezes levam ao florescimento por meio de um aprofundamento. Mas as reformas também podem ter um foco tão intenso ou míope que levam à uma perda não intencional do contexto teológico mais amplo e da integridade confessional. O perigo da controvérsia no debate teológico, então, não é apenas uma questão de tom de voz (amoroso ou vingativo) e de conteúdo (verdadeiro ou falso), mas também de amplitude (bem equilibrado ou estreito). Muitas vezes, palavras potencialmente proféticas engasgam porque estão separadas de um compromisso doutrinário mais amplo com todo o conselho de Deus. Em tais casos, uma reforma (que pode até ser uma reforma necessária e boa) toma um rumo parasitário e corrói a substância da doutrina, da confissão, da prática ou da igreja. As reformas modernas para a esperança escatológica cristã devem ser vistas como produtivas ou parasitárias? Como podemos direcioná-las para perto da primeira e para longe da última?

A esperança se apega ao futuro, mas uma esperança cristã séria para nossos tempos também precisa voltar ao passado.[1] O presente capítulo argumenta que a teologia reformada contemporânea, ou pelo menos o segmento dela que é fortemente influenciado pelos neocalvinistas ou pela tradição kuyperiana, às vezes tende a reforçar seus distintivos reformados às custas de sua substância católica. Esse esquecimento é sintomático não apenas de uma amnésia histórica, mas também de um deslocamento bíblico. Em várias análises recentes e importantes, elementos centrais da visão kuyperiana foram articulados de tal forma que o centro de nossa fé — o Deus que está conosco (Emanuel) — desaparece no final. Para recuperar uma catolicidade reformada genuína, precisamos recuperar uma escatologia que seja substantiva e descaradamente teológica.

---

1. Veja Michael Allen e Scott Swain, *Reformed Catholicity: The Promise of Retrieval for Theology and Biblical Interpretation* (Grand Rapids: Baker Academic, 2015); cp. as várias propostas em Darren Sarisky, ed., *Theologies of Retrieval: An Exploration and Appraisal* (London: T & T Clark, 2017).

Não que a ênfase neocalvinista sobre a universalidade do senhorio de Cristo esteja errada; longe disso, pois também é exegeticamente vital e teologicamente central. Também não digo que o agostinianismo dos kuyperianos, com seu testemunho do reinado de Cristo ao longo da história e seu governo providencial de todas as coisas até seu bendito fim, esteja errado; novamente, nada poderia ser mais apropriado e fundamental na leitura do testemunho tanto dos profetas quanto dos apóstolos. Mas a ênfase neocalvinista muitas vezes exclui outras linhas de ensino das escrituras que marcaram a vida e o ministério da igreja ao longo dos séculos. Os kuyperianos também suspeitam indevidamente desses ensinamentos. Em particular, a escatologia kuyperiana enfatizou tanto a natureza terrena de nossa esperança cristã que às vezes perdeu de vista as prioridades bíblicas mais amplas e, consequentemente, minou a ênfase da tradição católica na comunhão com Deus e na alegria final da visão beatífica. Embora os kuyperianos tenham mantido uma ênfase agostiniana na graça de Deus e no senhorio de Cristo, que nos levam ao destino designado para nós no reino de Deus, eles às vezes deixam escapar o conteúdo exato desse fim, ou seja, a presença do Deus trino. Precisamos ser cautelosos, portanto, para não cair inadvertidamente em um naturalismo escatológico que fala de Deus instrumentalmente (como um meio para ou como o instigador de um fim), mas falha em confessar que nosso único fim verdadeiro é a comunhão com Deus (o único em quem quaisquer outras coisas devem ser desfrutadas).

Senhor de tudo:
A reforma kuyperiana da cosmologia cristã

Nenhum outro movimento do final dos séculos XIX e XX moldou o mundo teológico reformado como o neocalvinismo. Devendo em grande parte à instigação de Abraham Kuyper e à análise de Herman Bavinck, a visão teológica reformada holandesa teve um impacto inestimável muito além das fronteiras da Holanda ou mesmo das igrejas fundadas por imigrantes holandeses em outros lugares do mundo. Teólogos reformados de outras origens geográficas, culturais e denominacionais foram municiados por diversos teólogos reformados holandeses, tão variados como Kuyper, Bavinck, Berkouwer e Hoekema.[2] Em anos recentes, N. T. Wright desenvolveu princípios kuyperianos em seus muitos escritos acadêmicos e populares, estendendo ainda mais a influência desta tradição com seu prolífico trabalho.[3]

De muitas maneiras, esta tradição gerou um efeito cascata católico. Sem dúvida, o movimento mais respeitado intelectualmente do mundo reformado ultimamente tem sido o da "epistemologia reformada" desenvolvida por Alvin Plantinga.[4] Nicholas Wolterstorff estabeleceu-se como um dos filósofos mais importantes das últimas décadas, participando de conversas sobre uma série de tópicos, tais como a doutrina de Deus, a estética, a justiça e a doutrina da revelação divina.[5] Tanto Plantinga quanto Wolterstorff foram palestrantes

---

2. Para uma referência específica ao notável impacto dessa tradição sobre a teologia reformada nos Estados Unidos, veja James D. Bratt, *Dutch Calvinism in Modern America: A History of a Conservative Subculture* (Grand Rapids: Eerdmans, 1984), e os artigos na parte 2 de David F. Wells, *Reformed Theology in America: A History of Its Modern Development* (Grand Rapids: Baker, 1997), 115-86.

3. O próprio Wright notou a influência de pessoas relacionadas ao *Institute of Christian Studies* em Toronto (uma instituição neocalvinista) durante seus anos formativos na década de 1980 no Canadá.

4. Alvin Plantinga, *Warrant: The Current Debate* (New York: Oxford University Press, 1993); Alvin Plantinga, *Warrant and Proper Function* (New York: Oxford University Press, 1993); Alvin Plantinga, *Warranted Christian Belief* (New York: Oxford University Press, 2000) [edição em português: *Crença Cristã Avalizada* (São Paulo: Vida Nova, 2018)].

5. Veja, por exemplo, Nicholas Wolterstorff, *Reason within the Bounds of Religion*, 2a. ed. (Grand Rapids: Eerdmans, 1988); Nicholas Wolterstorff, *Art in Action: Toward a Christian Aesthetic* (Grand Rapids: Eerdmans, 1987); Nicholas Wolterstorff, *Justice: Rights and Wrongs* (Princeton: Princeton University Press, 2010); e Nicholas Wolterstorff, *Divine Discourse: Philosophical Reflections on the Claim That God Speaks* (Cambridge: Cambridge University Press, 1995).

das *Gifford Lectures*, possivelmente o ápice de distinção acadêmica deste campo de estudo.

A visão neocalvinista reformada holandesa se espalhou como fogo não apenas nos mais altos escalões da investigação filosófica, mas também nos movimentos de base da educação cristã. Muitas escolas primárias e secundárias agora operam com consciência da soberania ou senhorio de Deus sobre todas as coisas, do chamado para levar cativo todo pensamento a Cristo e, consequentemente, da necessidade de pensar sistemicamente sobre a formação e a educação cristãs. As críticas recentes feitas por James K. A. Smith à educação de cosmovisão neocalvinista apenas ilustram a força do movimento na medida em que oferecem qualificações e contextos para seu avanço (e não sua demolição, como supõem alguns leitores mal-informados de Smith).[6] E instituições sem compromissos especificamente reformados (por exemplo, o *Wheaton College*) são marcadas por filosofias de educação que devem muito às ênfases dos neocalvinistas, como evidenciado pelas programáticas declarações emitidas anteriormente por Arthur Holmes e mais recentemente por Duane Litfin.[7] Nem todos os evangélicos no *Wheaton College* e em outras escolas se tornaram

---

6. Veja James K. A. Smith, *Desiring the Kingdom: Worship, Worldview, and Cultural Formation*, Cultural Liturgies 1 (Grand Rapids: Baker Academic, 2009); James K. A. Smith, *Imagining the Kingdom: How Worship Works*, Cultural Liturgies 2 (Grand Rapids: Baker Academic, 2013) [edições em português: *Desejando o Reino*, Liturgias Culturais Vol. 1 (São Paulo: Vida Nova, 2018); e *Imaginando o Reino*, Liturgias Culturais Vol. 2 (São Paulo: Vida Nova, 2019)]. Veja especialmente suas respostas a resenhas do livro *Desiring the Kingdom*: James K. A. Smith, "Worldview, Sphere Sovereignty, and *Desiring the Kingdom*: A Guide for (Perplexed) Reformed Folk", *Pro Rege* 39, no. 4 (June 2011): 15-24; James K. A. Smith, "From Christian Scholarship to Christian Education [Response to a Review Symposium on *Desiring the Kingdom*]", *Christian Scholar's Review* 39 (2010): 229-32; e James K. A. Smith, "Two Cheers for Worldview: A Response to Thiessen", *Journal of Education and Christian Belief* 14 (2010): 55-58.

7. Arthur Holmes, *The Idea of a Christian College*, ed. rev. (Grand Rapids: Eerdmans, 1987); Duane Litfin, *Conceiving the Christian College* (Grand Rapids: Eerdmans, 2004).

holandeses, é claro, mas não é preciso investigar muito para encontrar as lições aprendidas com os kuyperianos. Experimentei os pontos fortes dessa abordagem neocalvinista em meus estudos não apenas no *Wheaton College* (para a obtenção de múltiplos diplomas), mas também em uma escola cristã fundada pelos reformados holandeses na inusitada localidade de Miami, Flórida. Quando um movimento da Holanda e do Centro-Oeste holandês chega à "capital latina" dos EUA, pode-se ver algo de sua ampla influência cultural.

O que os neocalvinistas deram ao mundo acadêmico mais amplo em seus vários bolsões e instituições de produção cultural? Não é incorreto sugerir que o avanço kuyperiano foi uma extensão distintamente reformada de certas verdades reformadoras anunciadas por Martinho Lutero e João Calvino em relação às doutrinas da criação, da humanidade e da vocação. Os kuyperianos responderam à tentação posterior da modernidade, com sua realocação do religioso na esfera privada, reafirmando e elaborando os ensinamentos desses reformadores sobre a glória do ordinário. Nas mãos dos kuyperianos, a dicotomia sagrado/secular foi criticada, relembrando a inúmeros cristãos modernos que toda a vida deve ser vivida como para o Senhor (1Co 10.31).

Além disso, devemos notar que os kuyperianos enraizaram essas exposições da realidade criada em um assunto mais profundo: a doutrina do Deus trino. Talvez ninguém nos impressione mais a esse respeito do que o grande dogmático, Herman Bavinck. Em seu ensaio de 1904, intitulado "O Futuro do Calvinismo", ele buscou expressar os principais compromissos do movimento:

> O princípio básico deste calvinismo é a confissão da soberania absoluta de Deus. Não um atributo especial de Deus, como, por exemplo, Seu amor ou justiça, Sua santidade ou equidade, mas que o próprio Deus como tal, na unidade de todos os Seus atributos e perfeição de todo o Seu Ser, é o ponto de partida para o pensamento e a ação do

calvinista. A partir deste princípio básico, tudo o que é especificamente reformado pode ser derivado e explicado. Foi isso que levou à nítida distinção entre o que é de Deus e da criatura, à crença na autoridade única das Sagradas Escrituras, na suficiência de Cristo e Sua palavra, na onipotência da obra da graça. Daí também a nítida distinção entre o divino e o humano na Pessoa e nas duas naturezas de Cristo, entre os chamados interno e externo, entre o símbolo e a matéria significados no sacramento. Desta fonte também surgiu a doutrina da dependência absoluta da criatura, como é expressa nas confissões calvinistas em relação à providência, preordenação, eleição, a incapacidade do homem. Por este princípio também o calvinista foi levado ao uso daquele método teológico consistente e contínuo, que o distingue dos romanistas e de outros teólogos protestantes. Não apenas em toda a sua teologia, mas também fora dela, em todas as esferas da vida e da ciência, seu esforço visa o reconhecimento e a manutenção de Deus como Deus em oposição a todas as criaturas. Na obra da criação e regeneração, no pecado e na graça, em Adão e Cristo, na Igreja e nos sacramentos, é Deus, em cada caso, quem revela e sustenta Sua soberania e a conduz ao triunfo, apesar de todo desrespeito e resistência. Há algo heróico e grandioso e imponente nesta concepção calvinista. Visto à sua luz, todo o curso da história se torna uma gigantesca disputa, na qual Deus realiza Sua soberania e (como um riacho de uma montanha) a faz superar toda resistência no final, levando a criatura a um reconhecimento de Sua glória divina, seja este reconhecimento complacente ou não, mas sem ressalvas em ambos os casos. Tudo é de Deus e, portanto, tudo retorna a Ele. Ele é Deus e permanece Deus agora e para sempre; Jeová, o Ser, aquele que era e que é e que há de vir.

Por esta razão, o calvinista em todas as coisas recorre a Deus, e não fica satisfeito antes de ter rastreado todas elas de volta ao soberano beneplácito de Deus como sua causa última e mais profunda. Ele nunca se perde na aparência das coisas, mas penetra em suas realidades. Por trás dos fenômenos ele procura os númenos, as coisas não vistas, das quais nasceram as coisas visíveis. Ele não toma sua posição no meio da história, mas, fora do tempo, ascende às alturas da eternidade. A história nada mais é do que o desdobramento gradual do que para Deus é um presente eterno. Para seu coração, seu pensamento, sua vida, o calvinista não pode encontrar descanso nessas coisas terrenas, a esfera do que está se tornando, mudando, passando para sempre. Do processo de salvação, portanto, ele recorre ao decreto da salvação, da história à ideia. Ele não permanece no pátio externo do templo, mas procura entrar no santuário mais interno.[8]

A elaboração vai bastante longe, é claro, mas centra-se sempre em Deus. Embora o kuyperianismo possa ser mais notável em sua ênfase na integridade da realidade criada, honrando-a e defendendo-a contra as tentações recorrentes de metafísicas, escatologias e éticas gnósticas ou escapistas, Bavinck argumenta que a característica única dessa tradição (e da calvinista mais ampla) é a doutrina de Deus aplicada consistentemente. Ele não argumentou que o distintivo esteja na própria doutrina de Deus; em vez disso, é a conexão consistente dessa doutrina e seu domínio sobre todas as outras áreas de investigação que distinguem essa abordagem de fé e prática de todas as outras. Para o calvinista todas as coisas recorrem a Deus; o neocalvinista insiste que o *novum* do reino é precisamente esta recorrência universal e última: Cristo está fazendo novas todas as coisas (Ap 21.5). Então, para pensarmos bem a respeito do reino ou de nossas responsabilidades cívicas nos vários domínios de Cristo, devemos sempre rastrear as questões do reino da economia, ou do gênero, ou da política, ou do conhecimento de volta até o próprio Deus.

---

8. Herman Bavinck, "The Future of Calvinism", *Presbyterian and Reformed Review* 5, no. 17 (1894). Disponível online em: http://scdc.library.ptsem.edu/mets/mets.aspx?src=BR1894517&div=1.

Um exemplo dessa conexão entre o material trinitário da fé e sua aplicação metodológica nos *loci* dogmáticos ocorre no âmbito da escatologia. Visto que Deus criou a humanidade para ser a imagem de Deus (Gn 1.26-27) e restaurou a humanidade nessa mesma imagem em Cristo Jesus (Rm 8.29), os neocalvinistas tem insistido que devemos ver a conexão existente entre a criação e a escatologia.[9] Eles expandiram ainda mais este ponto ao observar as maneiras pelas quais os escritos bíblicos expressam nossa esperança em Cristo de maneiras criaturais, corporificadas e terrenas. Seja por meio do retorno a textos proféticos como Isaías 60 e seus ensinamentos sobre o destino futuro dos navios de Társis, seja por meio de honrar o desfecho final canônico encontrado na representação da Nova Jerusalém em Apocalipse 21-22, os kuyperianos lideraram o modo de articular uma esperança terrenal para os cristãos.[10]

A ESPERANÇA TERRENA: A REFORMA KUYPERIANA DA ESCATOLOGIA CRISTÃ

O avanço kuyperiano concentrou-se amplamente na escatologia e nas maneiras pelas quais ela se conecta a outros tópicos: criação, humanidade, imagem de Deus, ética, entre outros. Talvez nenhum livro ilustre tão extensivamente esse compromisso quanto o aclamado *A New Heaven and a New Earth: Reclaiming Biblical Eschatology*, de J. Richard Middleton.[11] Observar sua exposição, suas formas de

---

9. Para um relato magistral de como a natureza criada e o *telos* escatológico devem ser reunidos, veja Brian G. Mattson, *Restored to Our Destiny: Eschatology and the Image of God in Herman Bavinck's Reformed Dogmatics*, Studies in Reformed Theology 21 (Leiden: Brill, 2012); veja também John Webster, "Eshatology and Anthropology", em *Word and Church: Essays in Christian Dogmatics* (Edinburgh: T & T Clark, 2001), 263-86.

10. Veja, por exemplo, Richard Mouw, *When the Kings Come Marching In: Isaiah and the New Jerusalem*, ed. rev. (Grand Rapids: Eerdmans, 2002), esp. 13-42.

11 J. Richard Middleton, *A New Heaven and a New Earth: Reclaiming Biblical Eschatology* (Grand Rapids: Baker Academic, 2014). Referências a este trabalho a seguir são anotadas no texto por números de página entre parênteses.

argumento e sua aplicação à fé e prática cristãs será um esforço proveitoso. Apenas depois de prestar a devida atenção a seu próprio argumento é que poderá ser útil apresentar uma declaração de cautela.

O livro de Middleton aponta para um alvo polêmico, que ele chama de "o problema da esperança voltada para outro mundo". Ao examinar a intensa investigação escatológica da era moderna, ele afirma: "O século XX tem visto um foco mais intenso do que nunca na escatologia. No entanto, grande parte dessa reflexão escatológica tem sido confusa e incipiente, fundindo a afirmação bíblica da vida terrena com um ímpeto não bíblico de transcender a vida terrena. Isto é verdade tanto entre os teólogos profissionais quanto entre os membros da igreja, e também entre os cristãos de diferentes tradições teológicas" (15). Ele focaliza ainda mais seu alvo: "Embora existam muitos textos do Novo Testamento que os cristãos costumam ler como se ensinassem um destino celestial, os textos não dizem isso de fato" (14). Middleton opera consistentemente com uma dicotomia: a abordagem espiritualista da esperança sobrenatural diz que o céu é nosso destino, enquanto o testemunho bíblico diz que o céu não é nossa pátria final.

Middleton repetidamente observa uma aparente tensão trazida no coração da teologia vivida na igreja e explicitamente no testemunho de alguns de seus teólogos mais significativos. "Embora a doutrina tradicional da ressurreição do corpo seja geralmente afirmada, isso normalmente está em alguma tensão com a ideia de um reino atemporal e imaterial" (23; ver também 12). O movimento de seu texto tenta aliviar essa tensão apresentando o que ele repetidamente chama de "escatologia holística". O argumento se move em cinco partes: da criação ao *eschaton*; a salvação holística no Antigo Testamento; a visão de renovação cósmica do Novo Testamento; textos problema para a escatologia holística; e a ética do reino.

A refutação apresentada por Middleton assume a forma de esboçar "a teologia bíblica coerente (começando no Antigo Testamento) que culmina na visão escatológica da redenção da criação que está explícita do Novo

Testamento" (15). De fato, "esta visão holística da intenção que Deus tem de renovar ou redimir a criação é talvez o segredo mais bem guardado da Bíblia" (24). Middleton examina a hinódia da igreja para observar como o céu se tornou o destino dos cristãos, pelo menos conforme expresso em suas canções (em uma seção intitulada "*Singing lies in the church*" [Cantando Mentiras na Igreja]; 27-30). Em seguida, ele oferece uma breve descrição de como essa "idéia de um destino celestial" teve suas origens na absorção do médio-platonismo pela igreja cristã primitiva através da obra de Plotino, especialmente na maneira como ele "explicitamente identificou a ascensão ao divino com uma volta para dentro de si, iniciando assim uma forma ocidental de misticismo que reverberou por toda a igreja na Idade Média e até mesmo no período moderno" (33).

Vale a pena notar que Middleton não cita um único texto do período patrístico para demonstrar essa capitulação ou absorção do médio-platonismo. A única referência a algo cristão é uma nota de rodapé afirmando que Agostinho (em suas *Confissões*) menciona que Plotino era visto como um platônico genuíno. Ao mesmo tempo, Middleton observa a semelhança da visão espiritual do médio-platonismo com o ensino anterior do Antigo Testamento sobre o *sheol*, que parece levantar a questão sobre o porquê dessa visão espiritual tenha de ser necessariamente estranha ao testemunho canônico ou à teologia do povo de Deus, dado que ela está presente dentro das fronteiras do Antigo Testamento. O argumento aqui, então, parece sofrer de documentação de menos e contestação demais (33n33; 31).

A teologia bíblica apresentada por Middleton vai do Gênesis ao Apocalipse, tentando mostrar um retrato consistente do desígnio do senhorio de Deus para o florescimento humano neste habitat das criaturas em conformidade com a nossa vocação de *imago Dei*.[12]

---

12. Um tópico sobre o qual Middleton escreveu longamente em outro lugar: J. Richard Middleton, *The Liberating Image: The* Imago Dei *in Genesis 1* (Grand Rapids: Brazos, 2005).

Middleton primeiro esboça o chamado humano como imagem de Deus, e, em seguida, sumariza o enredo bíblico, através do qual esse chamado encontra seus sujeitos identificados, problematizados, recebendo uma nova esperança, restaurados e, finalmente, totalmente renovados na glória. Um princípio hermenêutico é enunciado ao longo do caminho: "Estamos propensos a perder o alcance surpreendente da redenção de Deus, e especialmente seu caráter robusto e mundano, se não lermos o Novo Testamento com a cosmovisão do Antigo Testamento como nossa base e guia" (78). A máxima é: leia o Novo nos termos do Antigo.

Esta abordagem hermenêutica dá frutos no modo como Middleton trata o êxodo como "paradigma de salvação" (cap. 4). Ele oferece um julgamento a respeito do significado e da significância desse evento emblemático da história antiga: "O significado mais fundamental da salvação na Escritura é duplo: é a *libertação* por Deus daqueles em situação de necessidade daquilo que impede seu bem-estar, resultando na *restauração* destes à integridade" (79, ênfase no original). Ele expande falando da maneira como o êxodo ilustra o caráter holístico dos atos benevolentes de Deus: "O primeiro fator a ser notado sobre o êxodo é que ele constitui a libertação sociopolítica de uma comunidade histórica de uma situação real e concreta de opressão. O êxodo resiste a qualquer 'espiritualização' da salvação, mantendo-a firmemente enraizada na vida deste mundo" (80). De fato, "essa obra paradigmática de YHWH em nome de Israel estabelece um movimento em direção ao florescimento deste mundo como o objetivo da salvação", que pode então ser rastreado através dos ciclos de ensino encontrados na Lei, Sabedoria e Profetas (95). Ele observa que o ensino deuteronômico sobre as bênçãos e maldições da aliança mostra de que maneira a (des)obediência diante de Deus tem consequências terrenas para o bem ou para o mal; de fato, ele diz que "o exílio babilônico é a consequência final da infidelidade a YHWH" (97).

Middleton observa que a linguagem profética no Antigo Testamento assume forma hiperbólica para demonstrar "com força e vivacidade… que Deus é o agente por trás desses eventos e que um julgamento radical é necessário para realizar a salvação" (121). Em um capítulo posterior, focado em textos aparentemente problemáticos para sua tese sobre escatologia holística (e.g., Hb 12.26-28; 2Pe 3.10-12), Middleton repetidamente afirma o mesmo ponto: testemunhos apostólicos que parecem sugerir a destruição ou a aniquilação do mundo presente e sua substituição por outro servem hiperbolicamente para sinalizar a necessidade da intervenção apocalíptica de Deus na restauração deste mundo presente.[13]

Quando se volta para as testemunhas do Novo Testamento, Middleton sugere que há uma continuidade de crença, mas uma nova ênfase na vida após a morte. De fato, "um dos contrastes entre o Antigo Testamento e o Novo Testamento é sua compreensão da vida após a morte. Em contraste com a centralidade da ressurreição no Novo Testamento (e no Judaísmo do Segundo Templo tardio), o Antigo Testamento normalmente não coloca nenhuma esperança significativa na vida após a morte".[14] Middleton argumenta que Cristo é nosso precursor, pois ele agora governa a terra do céu e um

---

13. Middleton, *A New Heaven and a New Earth*, cap. 9. Contudo, Middleton não emprega essa observação exegética por si só contra a acusação de que esses textos contradizem sua ênfase na escatologia holística e na restauração de todas as coisas em Cristo. Ele também faz uma série de pontos contextuais em relação aos diversos textos.

14. Middleton, *A New Heaven and a New Earth*, 132-33. Espantosamente, Middleton cita aqui um volume de co-autoria de Kevin Madigan e Jon Levenson, *Resurrection: The Power of God for Christians and Jews* (New Haven: Yale University Press, 2008). Uma das facetas mais notáveis deste texto é sua insistência de que o Antigo Testamento (ou Bíblia Hebraica, como Levenson o chama) testifica a ressurreição muito mais do que é normalmente reconhecido; assim também o volume maior de Levenson, *Resurrection and the Restoration of Israel: The Ultimate Victory of the God of Life* (New Haven: Yale University Press, 2006). Este estudioso judeu recomenda uma abordagem hermenêutica das escrituras do Antigo Testamento que segue o modelo de Jesus (por exemplo, em Lucas 24.46) mais de perto do que faz o neocalvinista!

dia retornará à terra para governar de maneira final e completa. Ele então examina uma série de textos que retratam o objetivo da obra restauradora de Cristo como sendo "todas as coisas" na terra como elas são no céu.[15] Ele conclui perguntando: "Mas o que as pessoas redimidas farão na nova criação? Assim como temos que nos livrar da ideia não bíblica de 'ir para o céu' como nosso destino final, também precisamos abandonar as ideias piedosas de um culto de adoração perpétuo como nosso propósito final no *eschaton*" (174).

RECUPERANDO A ESCATOLOGIA CRISTÃ CLÁSSICA

Deus não é apenas o instigador, mas é também uma parte integrante de nossa esperança. Esta, podemos dizer, é a palavra de ordem da esperança cristã clássica em suas inúmeras formas ao longo dos séculos. No entanto, fazemos bem em descompactar esta declaração e seus ancoradouros no raciocínio exegético para que possamos apreciar sua relação com as iterações neocalvinistas mais recentes da escatologia cristã.[16]

Antes de considerarmos o fim, fazemos bem em prestar atenção ao início. O primeiro relato da criação (Gn 1.1-2.4) fala de muitas coisas grandiosas e gloriosas: a divisão da terra e dos mares, do dia e da noite, e as muitas invenções de espécies e seres. Mas ela culmina não com produção, mas com presença: Deus habita no meio do seu povo, descansando ali naquele sétimo dia. Comentaristas recentes

---

15. Middleton, *A New Heaven and a New Earth*, caps. 7 e 8, respectivamente.

16. Para um esboço da doutrina através dos séculos, veja K. E. Kirk, *The Vision of God: The Christian Doctrine of the* Summum Bonum (London: Longmans, Green, & Co., 1931). O relato de Kirk liga justamente a escatologia à ética, embora nem sempre demonstre a plasticidade necessária para apreciar as várias maneiras pelas quais esse vínculo pode ser construído ao longo dos séculos. Apesar de todos os benefícios do esboço panorâmico de Kirk, é muito necessário um novo relato do desenvolvimento histórico (*Seeing God: The Beatific Vision in Christian Tradition* [Grand Rapids: Eerdmans, 2018], de Hans Boersma, avança nessa direção).

nos ajudaram a notar a figura do templo ali presente, mostrando que Deus está moldando um mundo adequado para sua habitação, assim como um templo será feito mais tarde como seu lar. E isso não é meramente outra característica do relato da criação nem da maneira como foi narrado; não, a presença especial de Deus com seu povo é o desfecho final de toda a história da criação.[17]

O final da Bíblia cristã não é muito diferente. A terminologia mudou um pouco, com a linguagem de uma cidade e de edifícios inseridos entre os retratos de jardins e rios. A separação dos justos (em Cristo) e dos ímpios (à parte de Cristo) marca este grande e glorioso retrato; o brilho e o vislumbre envolvem não apenas a ordem natural e a beleza arquitetônica da Nova Jerusalém, mas também a harmonia relacional de uma terra sem lágrimas. E, contudo, novamente a palavra central não é sobre novidade, mas sobre proximidade. A grande promessa é: "Eis o tabernáculo de Deus com os homens. Deus habitará com eles. Eles serão povos de Deus, e Deus mesmo estará com eles" (Ap 21.3). A centralidade desse princípio pode ser vista não apenas na maneira como o único elemento que falta na imagem é um templo, um lugar que denotaria limites ou restrições sobre a extensão da habitação ou habitação de Deus (21.22-27), mas também e sobretudo na repetição final da boa palavra: "eis que venho sem demora" (22.12, 20).

Esses momentos, que servem como colunas para a história redentiva, não apenas nos dizem algo sobre nós mesmos, mas, em última

---

17. Veja Jon D. Levenson, "The Temple and the World", *Journal of Religion* 64, no. 3 (1984): 275-98; Gordon Wenham, "Sanctuary Symbolism in the Garden of Eden Story", em *Proceedings of the Ninth World Congress of Jewish Studies* (Jerusalem: World Union of Jewish Studies, 1986), 19-25; Gregory K. Beale, *The Temple and the Church's Mission: A Biblical Theology of the Dwelling Place of God*, New Studies in Biblical Theology 15 (Downers Grove, IL: IVP Academic, 2004) [edição em português: *O Templo e a Missao da Igreja: Uma teologia bíblica sobre o lugar da habitação de Deus* (São Paulo: Vida Nova, 2021)] .

análise, revelam algo fundamental sobre Deus, a saber, que Deus é o Alfa e o Ômega, que o trino é o Princípio e o Fim. E, ao pensar sobre a escatologia cristã, fazemos bem em ter em mente uma regra fundamental de todo ensino cristão, a saber, que nossas ênfases e prioridades devem ser dadas e governadas pelo próprio Deus através dos instrumentos designados por ele — o testemunho bíblico de seus profetas e apóstolos. A teologia busca não apenas respostas certas, mas também perguntas melhores.

Por que essa regra pode ser significativa? Bem, João Calvino sugeriu que cada um de nós tem um coração que é uma fábrica de ídolos.[18] Ao falar isso, ele não estava apenas falando como um advogado (embora anteriormente ele tivesse sido um), nem expressando uma personalidade melancólica (embora você talvez estivesse melancólico se tivesse que fugir de uma multidão violenta em Paris por uma janela). Calvino estava refletindo sobre o ensino bíblico de que a idolatria marca todas as pessoas, não apenas os pagãos do Egito ou de Canaã, mas até mesmo os escravos libertos ao pé do Monte Sinai. Devido ao zelo sem conhecimento, e entregues a nós mesmos, cada um de nós é perfeitamente capaz de adorar o Deus certo com o bezerro de ouro errado.

Porque somos pecadores que continuam a lutar contra o pecado interior e vivem entre um povo de lábios impuros, precisamos de uma recalibragem. O apóstolo Paulo aborda essa necessidade em suas célebres palavras aos romanos: "Não vos conformeis com este século, mas transformai-vos pela renovação da vossa mente, para que experimenteis qual seja a boa, agradável e perfeita vontade de Deus" (12.2). Conhecer a vontade de Deus não vem fácil ou naturalmente

---

18. John Calvin, *Institutes of the Christian Religion*, ed. John T. McNeill, trans. Ford Lewis Battles, Library of Christian Classics 20 (Louisville: Westminster John Knox, 2006), 1:108 (I.xi.8) [edição em português desta obra de João Calvino: *Instituições da Religião Cristã*, (São Paulo: Editora Unesp, 2008)].

para aqueles que vivem a leste do Éden, mesmo aqueles salvos por Cristo. Primeiro devemos tratar a cultura com certa distância, mas também devemos buscar a renovação de nossas próprias mentes como elas são, porque não estamos imunes à mancha do pecado. A renovação transformadora de nossas mentes ocorre agora da mesma maneira como ocorria no passado, conforme o ensino dos apóstolos: a formação que vem do aprendizado sobre as obras de Deus e sobre os caminhos de Deus, ou seja, a fé e a prática que marcam a comunidade evangélica.[19]

O perigo da idolatria espreita especialmente no reino da escatologia. Quando falamos de escatologia, estamos falando de esperanças fundamentais e desejos últimos. Questões de prioridade e importância vêm à tona porque estamos abordando o que tem significado, valor e integridade duradouros na economia de Deus. Diversos erros podem ser identificados neste reino escatológico: alguns sugeriram que alguma raça superior acabará triunfando; alguns que os verdadeiros fiéis ganharão a riqueza financeira; outros que todas as religiões do mundo serão trazidas para a harmonia final. Cada um desses erros flui de algum ideal cultural e pessoal que recebe importância independente, de uma maneira que não é reconhecida nem sustentada pelo ensino das Sagradas Escrituras (sendo muitas vezes bastante contraditória a ele).

De que maneira a restauração de uma abordagem propriamente bíblica e doutrinária remodelará nossa escatologia? Ao reconhecermos que Deus não é apenas a causa, mas também o centro de nossa esperança cristã.

---

19. Compare a abordagem de tal renovação em Sarah Coakley, *God, Sexuality, and the Self: An Essay "On the Trinity"* (Cambridge: Cambridge University Press, 2014), 33-65, com John Webster, "The Holiness of Theology", em *Holiness* (Grand Rapids: Eerdmans, 2003), 8-30, e Michael Allen, "Dogmatics as Ascetics", em *The Task of Dogmatics*, ed. Oliver Crisp e Fred Sanders (Grand Rapids: Zondervan Academic, 2017), 189-209.

Primeiro, Deus é a causa da nossa esperança. O Novo Testamento deixa claro que fé e visão estão justapostas (por exemplo, Hb 11.1). Esta distinção marca não apenas a natureza temporal de nossa esperança (ainda por vir), mas a fonte geradora de nossa esperança (como não sendo imanente ou intrínseca). O Senhor cumpre o que prometeu: as portas do inferno não prevalecerão contra o movimento progressivo da igreja de Cristo (Mt 16.18), e a comissão aos discípulos de Cristo será cumprida devido à presença autorizadora de seu Senhor até o fim (Mt 28.19-20; observe "E eis que estou convosco todos os dias até à consumação do século"). Os teólogos têm variado na forma como articulam a linguagem da causalidade, seja adotando-a e moldando-a para acomodar a agência divina em meio ao reino das criaturas, ou sugerindo que ela seja substituída ou traduzida por outra linguagem, como a dádiva e provisão divinas. Entretanto, em qualquer das abordagens, eles tentam apontar para a ação singular de Deus em fundamentar nossa esperança e em trazer o que agora só pode ser apreendido pela fé, até que venha aquela realidade e presença onde ela possa ser vista.

Em segundo lugar, Deus é o centro da nossa esperança. Vemos isso nos comentários de Jesus sobre a prática de seus discípulos: eles não jejuam enquanto ele está lá, embora chegará um tempo em que o farão (Mt 9.14-15). Observe que Jesus não oferece qualquer circunstância como critério para decidir quando alguém chora e quando alguém se alegra. Em vez disso, sua presença pessoal inclina o humor de uma forma ou de outra. Ele se concentra nessa questão da presença pessoal (da proximidade do noivo) não porque a saúde, a paz mundana, a consciência limpa, a unidade relacional e questões semelhantes não sejam importantes. Em vez disso, ele concentra-se na presença pessoal porque é primária — a palavra "Emanuel" (Deus conosco) conecta seu ensino com o Alfa e o Ômega das Sagradas Escrituras.

Enquanto a idolatria pode assumir a forma de instrumentalização de Deus — tratando-o como o libertador do cativeiro e o soberano que trouxe a prosperidade, e depois voltando-se para a adoração em um formato ilícito — a teologia que procura seguir as ênfases das Escrituras estará alerta para a realidade de que, em última análise, no final da graça de Deus está Deus. Sua criação, seu sustento, sua instrução, sua paciência, sua libertação, sua reconciliação, seu perdão, sua ressurreição e tantas outras bondades intermediárias e inomináveis — todas estão voltadas para Deus. A lógica do evangelho é: "Porque dele, e por meio dele, e para ele são todas as coisas" (Rm 11.36). Embora nossa visão ou nosso desfrute do céu sejam à maneira das criaturas— assim experimentado no tempo e no espaço e como seres encarnados e sociais — seu objeto é aquele que não é uma criatura, mas o Senhor Deus Todo-Poderoso; pelo menos esse foi o testemunho de Tomás de Aquino.[20]

No final, então, o céu vem à terra. Não esperamos uma existência angelical (veja não apenas Salmo 8, mas também Hebreus 2.6-9), e não desejamos estar ausentes do corpo (embora esta seja uma esperança intermediária apropriada: Filipenses 1.21-24). Mas Jesus nos ensinou a orar dessa maneira, aspirando ao céu (Mt 6.10), e nos chamou para buscar primeiro o reino de Deus — o reino em que Deus reside e governa — e não todas as outras coisas boas que acompanham a bendita presença de Deus (Mt 6.33). No final, como no princípio, Deus estará lá.

Sobre o naturalismo escatológico

O alcance da pesquisa de Middleton vai do começo ao fim, explicitamente abrangendo todas as coisas e subordinando-as à sobcrania

---

20. Tomás de Aquino, *Summa theologiae*, Ia-IIæ, Q. 3, Art. 1, *Respondeo*: "o fim último do homem é o bem incriado, ou seja, Deus, o único que pode preencher a vontade do homem até a borda por causa de sua bondade infinita. Ainda... o fim último do homem é uma realidade criatural nele, pois o que seria esta, senão chegar a Deus e a alegria com Deus... então, com respeito ao seu objeto ou causa, a felicidade é uma realidade incriada, enquanto em relação à sua essência é uma realidade criada". [Edição em português: *Suma Teológica* (S. Paulo: Loyola, 2018)].

do rei ressurreto Jesus. Há muito a ser elogiado neste volume: o empenho diligente em receber as Escrituras do Antigo Testamento como uma palavra permanente para hoje; a percepção de que o escatológico não é apenas uma parte componente do evangelho cristão, mas é tecido em todo o testemunho bíblico; o senso aguçado de que o *telos* e a esperança moldam a ética; e, claro, a preocupação consistente em nos alertar para o avanço kuyperiano em relação ao que se denomina "escatologia holística". A essas questões materiais, poderíamos acrescentar também uma série de pontos fortes formais: uma relutância em se afastar do argumento exegético; um senso de responsabilidade em abordar os argumentos que pareçam ser os mais fortes contra a tese central; um amplo conhecimento da erudição bíblica recente; e um tom que é marcado pela cadência da esperança, certamente uma necessidade para qualquer exposição da doutrina cristã das últimas coisas. A paciência em permitir que a instrução de Deus através da vida com Israel nos prepare para o dom de Emanuel também é digna de nota, contrariando as tendências neomarcionitas das últimas décadas.

Mesmo assim, o volume de Middleton serve como uma espécie de barômetro para o que acredito que devemos chamar de naturalismo escatológico e, portanto, ilustra uma série de problemas materiais e formais. Primeiro, o material importa. Por naturalismo escatológico, refiro-me muito especificamente a uma abordagem teológica que fala de Deus instrumentalmente como um meio ou instigador de um fim, mas falha em confessar substantivamente a identidade de Deus como nosso único e verdadeiro fim (o único em quem outras coisas devem ser desfrutadas). Em outras palavras, não me refiro a uma teologia que é naturalista em todos os aspectos, mas a uma que é naturalista de maneira seletiva, apenas em relação às confissões escatológicas (ou à falta delas). Nas mãos do naturalismo escatológico, o secundário é elevado à posição primária em termos de esperança cristã, e o que é de fato primário é relegado (na melhor das hipóteses) à margem, se não totalmente descartado. É como se alguém olhasse apenas para a circunferência cada vez maior dos raios do sol, comprometendo-se a nunca notar a beleza ardente do sol em si e, ocasionalmente, até mesmo zombando daqueles que o fazem por propagarem mentiras.

Durante séculos, como vimos, os cristãos colocaram sua esperança em viver para sempre com Deus. O clamor do apóstolo Paulo era pelo retorno pessoal de nosso Senhor: "Vem, Senhor!" (1Co 16.22 NVI). Esta esperança pessoal de união com Deus tomou a forma de expectativa cristã da visão beatífica de Deus em Cristo. Ela desempenhou um papel tão importante na teologia cristã, tanto católica quanto protestante, que vários prolegômenos[21] se sentiram compelidos a distinguir entre nosso presente conhecimento de Deus (o conhecimento da fé) do conhecimento que será nosso quando formos abençoados com a presença visível de Deus. Teólogos que vão de Tomás de Aquino a Franciscus Junius trabalharam com tais distinções programáticas, observando que o apogeu da bem-aventurança espiritual vem apenas com o reino e a presença pessoal do Senhor, o único objeto verdadeiro de nosso conhecimento teológico. Essa visão não apenas centralizou a discussão a respeito de nosso fim e esperança, mas se infiltrou nesses outros tópicos, matizando questões como a epistemologia em com uma tonalidade escatológica bem específica.

Enquanto a escatologia ganhou proeminência na teologia protestante do século XX, a visão beatífica parece ter saído completamente de cena. Brunner deu-lhe um parágrafo; Jenson uma frase; Barth nem uma palavra. A ausência é gritante à luz do lugar substancial ocupado pela doutrina da visão beatífica na fé e na prática clássicas, onde a visão beatífica desempenhou um papel nos prolegômenos

---

21. N. do T: Prolegômeno é um texto introdutório, presente em diversas obras teológicas ao longo da história, dedicado a estabelecer alguns princípios iniciais para o assunto que seria discutido.

(como a forma última do conhecimento humano de Deus), na escatologia (como a esperança central do cristão) e na ética (como força motriz ou motivação para a disciplina ascética). A atenção fixou-se no meio ambiente, no corpo e nas relações sociais (todos os quais são facetas de uma escatologia bíblica), mas, muitas vezes, tal preocupação traz consigo um custo e, não raro, vem até nós com um sorriso pretensioso. A marginalização da visão beatífica da teologia protestante moderna prova-se um estudo de caso notável e, assim sugiro, marca um problema fundamental com a escatologia terrena da igreja contemporânea.

O naturalismo escatológico marginaliza a presença de Deus e regularmente difama a esperança espiritual dos primeiros cristãos. Middleton exemplifica ambos os padrões.[22] Ele oferece apenas referências muito dispersas e marginais à presença de Deus como um dos elementos (e muito menos como um elemento-chave) do reino de Deus.[23] Além disso, Middleton repetidamente argumenta que os cristãos precisam ser reeducados para longe de suas noções de céu como uma união pessoal com Deus. Ao fazê-lo, ele não é único ou pioneiro, mesmo que sua retórica seja às vezes mais forte do que a de outros. Talvez um sinalizador dessa tendência venha com o lugar ou tom dado às observações sobre Mateus 6.10, em que nosso Senhor orienta seus discípulos a orar para que a vontade de Deus seja feita "assim na terra como no céu". Middleton não oferece nenhuma análise da maneira pela qual o céu não é meramente um substituto para a terra, mas se torna uma qualificação ou caracterização da nova

---

22. Observe, então, que minha caracterização do naturalismo escatológico como uma tendência na escatologia reformada não é construída simplesmente sobre argumentos do silêncio, mas sobre aquele silêncio generalizado combinado com um padrão regular de críticas dirigidas à escatologia cristã clássica (muitas vezes críticas brutais, sugerindo que a igreja tem regularmente mentido para seus congregantes sobre o céu; sobre isso veja Middleton, *A New Heaven and a New Earth*, 27-30).

23. Middleton, *A New Heaven and a New Earth*, 89-90, 107, 166-168, 172.

terra.²⁴ Certamente algo deu errado quando, em vez de identificarmos nossa esperança com o céu e notarmos sua eventual presença aqui na nova terra e na Nova Jerusalém, a maneira usual como falamos do céu é dizendo que ele não é nossa esperança.

Um contexto católico para os distintivos reformados de Middleton pode ser encontrado dentro de sua própria tradição, fornecendo um modelo mais adequado e promissor para o caminho a seguir. Anthony Hoekema ofereceu uma visão convincente da nova terra como o destino final dos cristãos, que passariam apenas o estado intermediário em uma existência imaterial. Mas, ao fazê-lo, ele ofereceu um relato positivo do termo "céu", observando como Deus une os céus e a terra: "Como Deus fará a nova terra sua morada, e como o céu está onde Deus habita, então continuaremos no céu enquanto estivermos na nova terra. Pois o céu e a terra não estarão mais separados, como estão agora, mas serão um (veja Ap 21.1-3)".²⁵ As energias de Hoekema

---

24. O mais próximo que ele chega dessa afirmação é notar que Terence Fretheim diz isto (Middleton, *A New Heaven and a New Earth*, 72n27).

25. Anthony Hoekema, *The Bible and the Future* (Grand Rapids: Eerdmans, 1979), 274 (veja também 285, onde ele oferece uma exposição de Apocalipse 21.1-4). Em uma publicação mais recente, enquanto reconhece as bênçãos terrenas do *eschaton*, observa-se que "a salvação tem uma profundidade espiritual, que é seu núcleo" (J. van Genderen e W. H. Velema, *Concise Reformed Dogmatics*, trad. Gerrit Bilkes e Ed M. van der Maas [Phillipsburg, NJ: Presbyterian & Reformed, 2008], 821 [ver também 836-838 sobre a vida em comunhão com Cristo na vida futura e 879-882 sobre a vida eterna com Deus]). James K. A. Smith também ofereceu comentários preliminares sobre como o engajamento reformado e cristão do secularismo moderno precisa evitar cair em um "humanismo exclusivo" que omite ou minimiza nossa realização transcendente em Deus (*How [Not] to Be Secular: Reading Charles Taylor* [Grand Rapids: Eerdmans, 2014], 35-40, 48-51, 113-114). Curiosamente, apesar de todo o seu foco no reino terreno e político, Moltmann não evita abordar a comunhão espiritual com Deus sob inúmeras categorias teológicas, que vão desde o "preenchimento do espaço na presença de Deus" até "a plenitude de Deus e a festa de alegria eterna" (ver *The Coming of God: Christian Eschatology*, trad. Margaret Kohl [Minneapolis: Fortress, 1996]). Em seus comentários programáticos sobre a forma de sua escatologia, Moltmann argumenta que é preciso começar com o pessoal e mover-se (sequencialmente pela ordem do conhecer e, inversamente, pela ordem do ser) do pessoal para o mundo para o corpo e para o reino (xvi).

se voltam, então, para descrever o significado da localidade terrena deste estado celestial, uma tarefa necessária e um notável distintivo da herança neokuyperiana que ele compartilha com Middleton. Mas estão ausentes a retórica hostil, o dar de ombros a séculos de piedade, e a abordagem simplista das imagens e do vocabulário bíblicos. Em vez disso, Hoekema oferece um relato relativamente católico de nossa esperança que sublinha uma ênfase reformada sobre a característica terrena do lugar de descanso final do céu.

Infelizmente, a catolicidade de Hoekema a esse respeito é rara no mundo reformado holandês moderno, pelo menos quando se trata de escatologia do lado de cá de Kuyper. A grande preocupação polêmica do maior dogmático da tradição kuyperiana, Herman Bavinck, é o espiritualismo, um perigo que ele vê desenfreado na tradição clássica e que paira em muito do pietismo recente. Ele admite que, "sem dúvida, há alguma espiritualização da profecia do Antigo Testamento presente no Novo Testamento", observando as maneiras pelas quais a dupla aparição de Cristo exige que, por um tempo, algumas das características de seu reino sejam verdadeiras apenas espiritualmente, mas, em seu retorno, também fisicamente. "Mas isso não limita essa bem-aventurança ao céu. Este não pode ser o caso, como é basicamente evidente pelo fato de que o Novo Testamento ensina a encarnação do Verbo e a ressurreição física de Cristo; o Novo Testamento aguarda ainda seu retorno físico no fim dos tempos e imediatamente depois tem em vista a ressurreição física de todos os seres humanos, especialmente dos crentes". Sua avaliação: "Tudo isso significa o colapso do espiritualismo". Bavinck vê isso como uma ênfase exclusivamente protestante sobre a renovação da criação como tal, o monasticismo simbolizando o foco das igrejas Ortodoxa e Romana em uma esperança puramente sobrenatural, que ele chama de "abstrata" e "exclusivamente transcendente". Em resumo, Bavinck observa que "a Reforma, voltando às Escrituras, em princípio superou essa visão sobrenatural e ascética da vida". Mesmo Bavinck, tipicamente entre os mais católicos dos teólogos reformados, torna-se um opositor quando se trata de escatologia: o espiritual, o asceta, o sobrenatural são todos difamados.[26]

A preocupação da tradição kuyperiana pode e deve ser apreciada. Gnosticismo e dualismo são ameaças reais. O evangelho é uma boa notícia para nós, não para anjos ou seres desencarnados, mas para nós: homens e mulheres feitos à imagem do Deus trino e refeitos à imagem de Jesus de Nazaré. O retrato apocalíptico de nossa esperança retrata um lar: a Nova Jerusalém nos novos céus e nova terra. Teólogos e exegetas regularmente, e com razão, criticam qualquer noção de que a esperança cristã seja para o outro mundo, ou não-terrena (regularmente comparada na literatura às expectativas ingênuas de um dia apenas tocar harpas nas nuvens).[27] Assim, ninguém deseja mudar para uma escatologia que é etérea ou desencarnada. Não defendo um retorno à vida anterior ao notável testemunho de teólogos como Bavinck. Sua imaginação bíblica, compromisso com o escopo canônico completo das Escrituras e determinação inabalável de deixar a escatologia dogmática moldar a ética cristã são todos louváveis e nunca devem ser esquecidos. E, no entanto, parece-me que se pode (e muitos, involuntariamente, parecem fazê-lo) anunciar algo semelhante à visão agostiniana de Bavinck sem capturar o próprio centro da escatologia de Agostinho (e do consenso cristão clássico que marcou pelo menos os períodos patrístico tardio

---

26. A única qualificação feita por Bavinck nesta discussão observa que é "um equívoco... fazer do material o principal componente da bem-aventurança futura" (*Reformed Dogmatics*, 4 vols. [Grand Rapids: Baker Academic, 2002-2006], 4:720) [edição em português: *Dogmática Reformada*, ed. John Bolt, trad. Vagner Barbosa (São Paulo: Cultura Cristã, 2012)]. Amém. Infelizmente, a apresentação, ordem e retórica de Bavinck consistentemente transmitem o oposto.

27. Vale a pena notar, no entanto, que Apocalipse 14.2 e 15.2 enaltecem a visão do tocar harpas em alegria escatológica, então fazemos bem em perceber que enquanto o fim previsto pela fé cristã não pode ser reduzido a nada além de uma liturgia, é certamente não menos que a liturgia. Adoração é o nosso fim, embora seja adoração aqui na terra, onde o céu terá feito seu lar eterno.

e medieval). Tal naturalismo escatológico concentra-se (involuntariamente) na Nova Jerusalém ao invés de concentrar-se em seu principal ocupante, esquecendo-se que a melhor notícia da bem-aventurança cristã não é a novidade, mas a proximidade: "Eis o tabernáculo de Deus com os homens" (Ap 21.3). Daí a repetição da promessa: "Eis que venho sem demora" (Ap 22.7, 12, 20). Middleton, juntamente com outros autores significativos (mais notavelmente N. T. Wright), parece ter mergulhado nessa armadilha, intencionalmente ou não.[28]

Felizmente, vários estudos recentes sugeriram a necessidade de resgatar as riquezas desse passado antigo e medieval no que diz respeito ao caráter especial de nossa esperança cristã. Por exemplo, Matthew Levering e Hans Boersma apresentaram um argumento de que a escatologia e a antropologia recentes estão muito focadas ou talvez até restritas a preocupações terrenas (por exemplo, um alvo comum dos dois é a visão escatológica de N. T. Wright).[29] Levering

---

28. Veja N. T. Wright, *Surprised by Hope: Rethinking Heaven, the Resurrection, and the Mission of the Church* (New York: HarperOne, 2008), embora Wright tenha ocasionalmente comentários positivos sobre o encontro do "céu" com a "terra" (e.g., 104-105). [Edição em português: *Surpreendido pela Esperança* (Viçosa: Ultimato, 2009)] Em contraste, Christopher Morse enfatiza a novidade como uma ruptura apocalíptica do futuro prometido por Deus, embora desprovido de um centro correspondente na presença pessoal de Deus ou de uma forma moldada pelos parâmetros da aliança para essa comunhão, conforme revelado nas escrituras de Israel, assim percebendo mal ou confundindo a incomensurabilidade do reino dos céus com sua espontaneidade (*The Difference Heaven Makes: Rehearsing the Gospel as News* [London: T & T Clark, 2010], esp. 108-11).

29. Matthew Levering, *Jesus and the Demise of Death: Resurrection, Afterlife, and the Fate of the Christian* (Waco, TX: Baylor University Press, 2012), 109-26; Hans Boersma, *Heavenly Participation: The Weaving of a Sacramental Tapestry* (Grand Rapids: Eerdmans, 2011). Embora eu compartilhe as preocupações destes autores a respeito das escatologias redutivamente naturalistas de Wright e outros, eu tenho preocupações significativas sobre algumas facetas de seus respectivos projetos. Por exemplo, discordo de alguns aspectos distintamente católico-romanos da abordagem de Levering, como o purgatório, e da proposta minuciosa de Boersma por uma "ontologia sacramental", a qual, creio eu, menospreza involuntariamente o lugar distinto e particular dos dois sacramentos dados à igreja por seu Senhor. Boersma certamente não pretende subestimar a distinção entre cosmo e culto, mas creio que seu fraseado falha em evitá-lo.

procura recuperar a imaginação escatológica de Tomás de Aquino, que Levering defende ter sido moldada pelas categorias das Escrituras de Israel, enraizadas na tradição patrística grega e latina, e expressa em sua vocação monástica aos pobres e necessitados tanto do pão de cada dia quanto do pão da vida. Boersma varia muito mais amplamente, defendendo a necessidade de retornar a uma síntese cristão-platônica que é mais voltada para outro mundo, baseando-se principalmente em figuras patrísticas (mais notavelmente Gregório de Nissa).[30]

Ainda mais significativo, talvez, seja o retrato da teologia de Agostinho oferecido por Charles Mathewes em sua obra tristemente negligenciada, mas vital, *A Theology of Public Life*.[31] Ao oferecer uma "dogmática da vida pública", Mathewes extrai de Agostinho de Hipona uma crítica de nossa ansiedade atual sobre ser de outro mundo. De fato, Mathewes mostra que a grande preocupação de Agostinho não era foco sobre outro mundo como tal, mas a idolatria (que pode ser etérea ou material).[32] Assim, ele corretamente une um centro verdadeiramente espiritual à nossa esperança com uma demanda por um compromisso moral sério agora (observando que esse compromisso assumirá uma forma para a qual Bavinck tinha apenas palavras negativas: uma versão protestante de ascetismo). O livro se mostra tão significativo precisamente porque oferece um relato espiritualmente centrado da escatologia que, no entanto, mostra a maneira como a posse de uma mente espiritual permite que alguém traga o bem terreno (ético e público). E o faz nas palavras e na maneira de Agostinho, o santo padroeiro de tanta escatologia reformada do século XX.

---

30. Veja também um estudo mais técnico: Hans Boersma, *Embodiment and Virtue in Gregory of Nyssa: An Anagogical Approach*, Oxford Early Christian Studies (New York: Oxford University Press, 2013).

31. Charles Mathewes, *A Theology of Public Life*, Cambridge Studies in Christian Doctrine (Cambridge: Cambridge University Press, 2007).

32. Mathewes, *A Theology of Public Life*, 76-79.

O naturalismo escatológico trata Deus como o instigador soberano e a causa da esperança cristã, o Senhor todo-poderoso e gracioso que faz seu reino acontecer. Mas quando se trata de descrever ou articular essa glória, ele busca por outros itens, outras realidades e outras pessoas para marcar sua própria natureza: o *shalom* da cidade, a redenção da criação, a ressurreição do corpo. Suas extremidades podem se tornar naturalistas (e, às vezes, elas o fazem), limitadas a uma moldura horizontal ou imanente (para usar a terminologia de Charles Taylor). É claro que não há razão lógica para que a confissão da ressurreição do corpo, ou da harmonia social, ou de céus e terra renovados possa levar a tal esquecimento teológico quando se trata do fim. E em suas melhores manifestações (por exemplo, como em *The Return of Christ*, de G. C. Berkouwer), a tradição kuyperiana continuou a afirmar o centro espiritual de nossa esperança em meio a seu amplo alcance em todos os cantos e recantos de nosso *self*, nosso cosmo e nossa sociedade.

O caminho a seguir na escatologia dogmática deve ser agostiniano e deve evitar tanto o espiritualismo quanto o naturalismo. A reforma de Bavinck à escatologia pietista era necessária e deveria ser celebrada, mas deve ser realizada em meio a uma matriz católica mais ampla de esperança escatológica do que o próprio Bavinck articula (ou pelo menos enfatiza). Assim, nosso pensamento futuro deve seguir a sabedoria de Gregório e Agostinho, de Tomás de Aquino e de protestantes posteriores, como John Owen. Esses pensadores mostram que o caráter especial de nossa esperança como comunhão espiritual com Deus por meio de Jesus Cristo fornece os meios para honrar tanto o céu quanto a terra. Essa esperança deve centrar-se em Deus, mas conter uma visão de Deus renovando todas as coisas em si mesmo. Recuperar a doutrina da visão beatífica — e observar a comunhão espiritual para a qual ela deve nos alertar — pode ser um recurso poderoso para pensar melhor a nossa esperança cristã em uma tonalidade centrada em Cristo. Aqui, como em qualquer outro lugar, nos beneficiamos de uma visão de resgate teológico e, portanto, de um resgate da importância dessa visão abençoada que ainda será nossa.

Sobre polêmicas, sistemas teológicos, linguagem metafórica e movimentos reformados

O naturalismo escatológico apresenta uma visão particular do reino de Deus, em que o Deus trino traz soberanamente esse reino, mas depois aparentemente desliza para fora do palco na culminação deste. Felizmente, as referências à presença de Deus continuam a surgir entre aqueles marcados por essa tendência; mesmo Middleton às vezes se refere ou fala da presença escatológica de Deus.[33] Mas o movimento como tal e a sua retórica — encontrada em afirmações explícitas e enfatizada pela repetição, pela cadência estridente e pela organização — apontam para uma direção muito diferente: para uma esperança que não é centrada em Deus e muitas vezes não menciona nada especificamente cristão em sua substância.[34] Algumas observações podem ser feitas sobre a maneira como o naturalismo escatológico se relaciona com a polêmica histórica, com a hermenêutica do cânon, com o método teológico e com a vida eclesiástica no mundo reformado. Na esperança de que a reforma neocalvinista possa contribuir de forma produtiva e não parasitária no futuro, estas questões interconectadas merecem uma exploração mais aprofundada rumo a uma conclusão.

---

33. Middleton, *A New Heaven and a New Earth*, 89-90, 107, 166-68, 172.
34. Richard John Neuhaus apresentou preocupações semelhantes sobre a escatologia de *Surpreendido pela Esperança*, de N. T. Wright, em seu editorial para a revista *First Things* de abril de 2008, ao qual Wright respondeu em uma carta ao editor também publicada em 2008.

Primeiro, uma das motivações para o naturalismo escatológico é a polêmica, especificamente uma resposta ao dispensacionalismo e à teologia do arrebatamento promovidos no final do século XIX e além. De fato, o apêndice oferecido por Middleton sobre "o que aconteceu com a nova terra?" examina a história da igreja, abordando Orígenes, Agostinho, Tomás de Aquino e os reformadores, mas, quando chega à ascensão do dispensacionalismo moderno, localiza apenas "vilões" em toda referência textual. É de se perguntar se a polêmica não se expandiu além da razão, como se toda a tradição cristã clássica fosse culpada dos males do dispensacionalismo moderno.[35] Mas é justamente essa conexão que Middleton não mostra. De fato, neste ponto, a maneira como ele organiza seus argumentos torna-se problemática em vários aspectos. Embora ele observe que o pensamento milenar pré-moderno às vezes mantivesse esperanças terrenas, ele em nenhum lugar aborda como essas expressões anteriores se relacionam com os dias atuais (já que muitas dessas figuras, embora não todas, eram o que agora chamamos de amilenista).

Além disso, Middleton de fato argumenta que houve pouca discussão sobre a natureza terrena do destino final dos cristãos (para além do assunto "milênio"), mas ausência de evidência não prova a ausência dessa crença. Finalmente, quando ele se envolve com estudos secundários sobre a natureza da escatologia clássica, ele extrai precisamente a lição oposta do que o texto está transmitindo: quando cita Caroline Walker Bynum sobre como os cristãos do século V raramente "esperavam que a era do milênio viesse em breve", Middleton toma essa diminuição do imediatismo como evidência de uma restrição

---

35. Aqui talvez esteja a maior semelhança com os argumentos de Wright, na medida em que Middleton e Wright atentam especificamente apenas para os erros encontrados na teologia recente que foi influenciada pelo dispensacionalismo moderno, mas regularmente moldam seu argumento como uma resposta à tradição católica como um todo.

do aspecto terreno apenas ao milênio ao invés de ser o destino final, ignorando a linha imediatamente anterior de Bynum que afirma que as esperanças de um novo céu e nova terra "não desapareceram no século V".[36] Simplificando, o mau uso que Middleton faz dos estudos de Levenson (mencionado anteriormente) e agora de Walker Bynum não passa confiança na precisão histórica de suas acusações sobre o fracasso generalizado da tradição. Quando Middleton se volta para a hermenêutica e a ética do dispensacionalismo moderno, ele parece ser mais hábil em lidar com textos e apresentar evidências. Mas o argumento que ele e outros naturalistas agostinianos oferecem é prejudicado quando eles humilham publicamente a tradição clássica, acusando-a de ter caído no dualismo do médio platonismo. Eles afirmam que essa tradição clássica decadente influenciou a tradição católica sem oferecer a evidência textual ou uma análise ponderada de como e onde isto diverge substancialmente do ensino dos profetas.

Há também muito pouco envolvimento com Platão e a tradição platônica nas tentativas de reformar a escatologia bíblica em uma direção mais terrena.[37] Em uma crítica da escatologia holística de N. T. Wright, Edward Adams observa:

> Dada sua vontade de dissociar a antiga teologia judaica do platonismo, é um tanto irônico que, ao insistir na incompatibilidade entre a sugestão de que o cosmo criado chegaria ao fim e o monoteísmo criacional judaico, o próprio Wright exiba uma lógica platônica. Para Platão, o demiurgo estava obrigado por sua própria

---

36. Middleton, *A New Heaven and a New Earth*, 294, citando Caroline Walker Bynum, *The Resurrection of the Body in Western Christianity, 200-1336* (New York: Columbia University Press, 1995), 13.

37. Em comparação, veja as reflexões refinadas de Mark DelCogliano, "Basil of Caesarea versus Eunomius of Cyzicus on the Nature of Time: A Patristic Reception of the Critique of Plato", *Vigiliae Christianae* 68, no. 5 (2014): 498-532.

natureza a criar um cosmo eterno; um bom deus não poderia ter feito de outra forma. Ao atribuir imortalidade e outras perfeições ao cosmo, Platão obscurece a distinção entre o cosmo e "deus" (*Tim*. 34B; 68E; 92C). No Antigo Testamento e no pensamento judaico primitivo (de modo geral), há mais ênfase na liberdade e soberania de Deus em relação ao mundo criado. De acordo com Salmos 102.25-27, a distinção entre criador e criação é evidente precisamente no fato de que Deus é eterno, enquanto o céu e a terra se desgastarão e perecerão.[38]

Platão sustentou a inviolabilidade da ordem criada; a Bíblia levantou preocupações metafísicas sobre tal afirmação. Enquanto alguns platônicos médios se desviaram em uma direção diferente, os retratos simplistas apresentados por propostas escatológicas recentes sobre como a teologia caiu em uma cosmologia platônica falham em transmitir com precisão as posições dos partidos filosóficos de então, e tampouco os julgamentos oferecidos pelos profetas hebreus, pelos judeus intertestamentários ou pelos escritores apostólicos. Novamente, essas questões historiográficas são significativas na medida em que Wright e Middleton posicionam seus argumentos como reprovações à tradição católica dominante, não apenas ao nicho estreito e recente do mundo cristão que é influenciado pelo dispensacionalismo moderno.

---

38. Edward Adams, *The Stars Will Fall from Heaven: Cosmic Catastrophe in the New Testament and Its World*, Library of New Testament Studies 347 (London: T & T Clark, 2007), 253n1. Middleton aborda as ênfases ligeiramente diferentes presentes nos diálogos, com *Fédon* sendo mais radical e *Timeu* apresentando a terra como um reflexo do céu. Mas ele resume: "entretanto, a visão de mundo que uniu ambas as versões do dualismo de Platão, e que ele legou a eras posteriores, envolveu a suposição radicalmente nova de uma alma imortal e imaterial e a aspiração de transcender este mundo presente de matéria, sensação e alteração de modo a alcançar uma realidade divina mais elevada" (*A New Heaven and a New Earth*, 31).

Em segundo lugar, a tradição reformada sempre vinculou a exposição escatológica com a questão da continuidade pactual e testamentária. Middleton continua essa manobra hermenêutica, embora com uma reviravolta. Ele observa que as percepções errôneas se infiltram facilmente quando se considera a proclamação apocalíptica do testemunho apostólico à parte de seu pano de fundo nos escritos do Antigo Testamento. Essa cautela é louvável, e a hermenêutica neo-marcionita é tão comum hoje (tipicamente sob o disfarce de algum "cristocentrismo") que não se pode ignorá-la.

E, no entanto, Middleton nunca segue na outra direção, seguindo aquele grande ditado agostiniano de que o novo está no antigo ocultado e que o antigo está no novo revelado. Ele apenas retrata uma hermenêutica progressiva sem qualquer sugestão de que atos redentores posteriores possam fornecer uma nova lente pela qual a palavra anterior de Deus possa ser melhor apreciada.[39] Esse estreitamento hermenêutico tem implicações reais: enquanto João Calvino fez um esforço coordenado para argumentar que os israelitas da antiga aliança entendiam o significado espiritual das bênçãos da aliança prometidas na Torá, Middleton argumenta exatamente o contrário. Ele afirma que o caráter tangível e terreno dessas promessas antigas encontra seu cumprimento no testemunho do Novo Testamento.[40] Bem, Calvino não negaria esse ponto: a Abraão foi prometida alguma terra no Oriente Médio.

---

39. Sobre isso, veja especialmente os escritos de Richard Hays, *Echoes of Scripture in the Letters of Paul* (New Haven: Yale University Press, 1989); Richard Hays, *Reading Backwards: Figural Christology and the Fourfold Gospel Witness* (Waco, TX: Baylor University Press, 2014); Richard Hays, *Echoes of Scripture in the Gospels* (Waco, TX: Baylor University Press, 2016); em uma linguagem ligeiramente diferente, veja também Gregory K. Beale e Benjamin Gladd, *Hidden but Now Revealed: A Biblical Theology of Mystery* (Downers Grove, IL: IVP Academic, 2014).

40. Middleton, *A New Heaven and a New Earth*, 78, 95, 97, 105-7; cp. John Calvin, *Institutas da Religião Cristã*, 1:428-457 (II.x-II.xi.8).

Eventualmente, Jesus reitera isso ao prometer toda a terra aos mansos: é um pedaço de terra bastante extenso, mas, ainda assim, um pedaço de terra (e não uma existência etérea). No entanto, em sua análise da lei e do evangelho, a antiga e a nova aliança, Calvino concentrou-se extensivamente em mostrar a unidade dos testamentos precisamente ao demonstrar que os patriarcas e os outros santos antigos não ansiavam apenas por recompensas terrenas, mas por bênçãos de ordem celestial ou espiritual (algo que Calvino considera ser prometido no Novo Testamento). Calvino não postula qualquer espiritualização, como se as bênçãos físicas fossem trocadas por recompensas espirituais ou fossem apenas símbolos delas. Mas Calvino de fato insiste consistentemente que as bênçãos físicas são símbolos das bênçãos espirituais da vida com Deus e secundárias a ela.

Podemos celebrar o compromisso de Middleton — e de outros neocalvinistas — em moldar o material de nossa confissão não apenas pelos tópicos, mas até mesmo pelo escopo e sequência do testemunho bíblico. Assim como Katherine Sonderegger recentemente levou muitos a repensar a maneira pela qual as Escrituras desvelam a doutrina de Deus,[41] também somos lembrados aqui que as doutrinas da aliança e de Cristo devem ser desdobradas em sequência canônica. No entanto, honrar o fluxo da história redentiva não significa traçar apenas um fio — neste caso, o terreno ou o material — através da sequência narrativa. Calvino estava sintonizado com a unidade canônica e com o fluxo histórico, mas ele repetidamente enfatizou e gastou muito mais tempo na análise da atenção celestial que está presente mesmo no testemunho a respeito do Israel antigo. A menos que desconsideremos Hebreus 11.13-16,

---

41. Katherine Sonderegger, *Systematic Theology*, vol. 1 de *Doctrine of God* (Minneapolis: Fortress, 2015).

que apresenta uma interpretação daqueles patriarcas feita com uma mentalidade celestial, não podemos reduzir a confissão dos profetas antigos àquela tênue mundanidade proferida por Middleton. Devemos, em vez disso, oferecer uma visão holística que também inclua sua fé espiritual, que buscava uma "uma pátria superior, isto é, celestial" (11.16). Dado que somente essa esperança levou Deus a não se envergonhar "de ser chamado o seu Deus" (11.16), faremos bem em atentar para esse ponto.

Em terceiro lugar, Middleton observa repetidamente que os cristãos costumavam manter a esperança em uma ressurreição corporal juntamente com um destino celestial. Ele sugere isso como uma tensão que demonstra uma fraqueza mental ou incapacidade intelectual de permitir que um reconfigure o outro. E, no entanto, seus comentários a esse respeito destacam outra questão: a maneira como os sistemas teológicos e as distinções doutrinárias funcionam. Distinções não são feitas para encaixotar ideias e nos permitir escolher entre noções aparentemente divergentes. Pelo contrário, distinções funcionam para nos manter, como teólogos, alertas a tudo o que a Sagrada Escritura revela, para que não cedamos às nossas profundas inclinações de estreitar nosso foco em algum assunto de estimação, algum território familiar ou algum conceito confortável.

A afirmação da igreja sempre incluiu a confissão de que Jesus Cristo retornará para julgar os vivos e os mortos, "e seu reino não terá fim", bem como que esperamos "a ressurreição do corpo e a vida eterna". Essas declarações credais sinalizam facetas de nossa esperança; não são opções entre as quais fazemos escolhas, mas aspectos que devemos afirmar simultaneamente. A tensão expressa em muitas exposições das Escrituras entre a realidade terrena e o destino celestial reflete a tensão das Escrituras: o corpo glorificado de nosso Senhor era criatural, finito, acessível à vista e ao toque, e ainda assim atravessou paredes. Enquanto o caráter ressurreto aponte para a continuidade da vida final com este mundo presente, o aspecto celestial dessa mesma vida nos lembra que uma grande transformação nos aguarda, uma que não pode ser totalmente compreendida deste lado da luz que irrompe do Cristo que está voltando.[42] Em uma linguagem distinta, W. D. Davies e Dale Allison nos lembram que a Bíblia apresenta textos que falam de Deus como alguém que não pode ser visto e outros que sugerem que Deus finalmente será visível no *eschaton*. A verdade, é claro, não é encontrada por meio da negociação de algum meio termo entre os dois, mas em discernir a misteriosa verdade sinalizada pela contribuição distinta de cada texto em sua própria integridade.[43] Retornaremos a este assunto no próximo capítulo, conforme buscamos reformar a abordagem clássica da visão beatífica em uma chave centrada em Cristo, que condiz com os padrões mais amplos do ser e da ação trinitária.

Apreciar e afirmar tensões entre imagens não constitui uma deficiência no trabalho teológico. Longe disso. As tensões racionais das imagens bíblicas são sinais da plenitude da revelação de Deus. Neste caso, faremos bem em teologizar de tal forma que possamos cantar não apenas a amplitude, mas também a profundidade e a ênfase das notáveis palavras de Charles Wesley em "Love Divine, All Loves Excelling":

---

42. O livro de Middleton não inclui nenhuma referência ao ensino de Mateus 22.30, a saber, que em nossa vida ressuscitada seremos como os anjos, em vez de nos entregarmos em casamento uns aos outros. Sua ênfase em nossa vocação terrena (mesmo no *eschaton*) é útil, mas seu silêncio em relação a esse ensinamento notável desvia o retrato pintado por ele de seu centro espiritual, ou seja, de que nos casaremos com Cristo e, portanto, não precisamos mais do símbolo do matrimônio humano.

43. W. D. Davies e Dale Allison, *A Critical and Exegetical Commentary on the Gospel according to Saint Matthew*, International Critical Commentary (Edinburgh: T & T Clark, 1988), 1:457.

Vem, completa tua nova criação;
　　faz-nos puros e imaculados;
　　faz-nos ver tua grande salvação
　　　em ti perfeitamente restaurados:
　　transformados de glória em glória,
　　　até que no céu achemos o nosso lar,
　　lançaremos nossas coroas diante de ti,
　　　maravilhados em amor e louvor sem par.

Aqui, um lugar ocupado "no céu" não enfraquece a realidade da "tua nova criação"; a natureza celestial da nova criação encontra explicação na própria presença do Deus trino ("diante de ti"). A nova criação e o mundo restaurado são imagens diversas, que os profetas e os apóstolos reúnem de várias maneiras para atestar a realidade de que a ação apocalíptica de Deus será nova e disruptiva, e não apenas o próximo passo na marcha da história humana. É também uma palavra de esperança para este mundo em sua própria natureza, em vez de um plano diferente ainda a ser elaborado — um chamado escatológico audível que pode de alguma forma sinalizar a intenção de Deus em substituir este mundo por outro. Este par de imagens deve ser combinado com outro: a esperança evangélica de que habitaremos nos novos céus e na nova terra, bem como a alegre antecipação do céu. Embora não sejam a mesma imagem, são retratos sobrepostos — não justapostos nem contraditórios. De fato, a novidade dessa criação atende, em última análise, ao seu caráter celestial, pois é a presença de Deus que a torna nova, pacífica e bela.

Em quarto lugar, a mudança em direção ao naturalismo escatológico relaciona-se a ênfases no ministério e testemunho cristãos e na identidade eclesiástica na tradição reformada. George Marsden identificou três correntes principais dentro do mundo eclesiástico reformado na América do Norte: a doutrinal, a pietista e a culturalista.[44] Marsden observou que esses eram tipos ideais e provavelmente nenhum existia à parte dos outros. Mas devemos notar que eles às vezes funcionaram como se fossem grupos fechados, como se todo o corpo eclesial pudesse ser composto por pessoas ou congregações marcadas particularmente por um deles. E devemos notar que os culturalistas são anteriores ao movimento kuyperiano ou neocalvinista; de fato, Marsden observa que o tipo culturalista é anterior ao século XIX.[45] No entanto, tem cabido aos kuyperianos fornecer a estrutura intelectual e, em muitos casos, as formas institucionais para o desenvolvimento culturalista nos séculos XX e XXI.

Todos estes tipos remetem a facetas da fé católica e reformada. Eles não podem ser partes, nem podem ser causas — não sem perdas significativas. A tendência do neocalvinismo em cair no naturalismo escatológico deve lembrar-nos da herança da *nadere reformatie*[46] da igreja reformada holandesa, ou a herança da combinação de pietismo com reflexão cultural tão evidente na divindade prática dos puritanos ingleses. É claro que essa herança, tão proeminente nestas duas correntes da tradição reformada, encontra suas raízes mais profundas não apenas em figuras da reformadora, como Bucer, Calvino, Cranmer ou Lutero, mas também na patrística e no testemunho medieval de Basílio de Cesareia e de Agostinho de Hipona, de Gregório de Nissa e de Bernardo de Claraval. Embora a ênfase "culturalista" ou "transformacionalista" tenha sido poderosamente redescoberta no neocalvinismo do mundo reformado, fazemos bem em manter um olho sempre na

---

44. George Marsden, "Introduction: Reformed and American", em *Reformed Theology in America: A History of Its Modern Development*, ed. George Marsden (Grand Rapids: Baker, 1997), 3.

45. Marsden, "Introduction: Reformed and American", 6.

46. N. do T.: "segunda reforma", termo utilizado para se referir aos desdobramentos da reforma observados na Holanda durante os séculos XVI-XVIII.

fé católica: tudo o que foi atestado por todos os cristãos em todos os tempos. Em particular, devemos notar a tendência da esperança neocalvinista de cair na preocupação naturalista com a perfeição cultural.[47] Arraigada profundamente na própria tradição reformada, a ênfase pietista na comunhão com Deus pode continuar a servir tanto como bálsamo quanto como aviso para esse terrível fissura. Que assim seja, pois nunca queremos pensar no *eschaton* à parte da teologia.

Observamos que as reformas podem ter um efeito produtivo ou parasitário. Enquanto as reformas kuyperianas e neocalvinistas podem tomar um rumo parasitário na escatologia moderna (o que, às vezes, tem acontecido), assumindo a forma do que só pode ser chamado de naturalismo escatológico, essas reformas escatológicas que ressaltam o aspecto terreno do reino de Cristo e da esperança cristã podem e devem ser tidos com maior consideração entre um público católico mais amplo, para que sejam produtivos e úteis para o testemunho cristão e para a tarefa contínua de exegese e proclamação bíblica. Neste caso, precisamos recuperar a substância católica da fé cristã dentro da qual as recentes reformas a respeito de seu caráter terreno podem servir um papel produtivo e não parasitário. Em outras palavras, a ordem do dia deve ser localizar uma escatologia terrena dentro de uma ênfase muito mais profunda em uma escatologia verdadeiramente e funcionalmente teológica, para que Deus permaneça não apenas o instrumento e o garantidor, mas o centro pessoal e a própria substância de nossa esperança. Ao recordar o caráter terreno do reino, que nunca nos esqueçamos também de seu aspecto celestial, isto é, que o reino é definido, antes de tudo, pela presença do Rei dos reis e Senhor dos senhores: "Eis o tabernáculo de Deus com os homens" (Ap 21.3).

---

47. Advertências semelhantes foram emitidas por Timothy J. Keller, "What Is So Great about the PCA?", (junho de 2010), 14. Disponível online: http://barkerprodutions.net/what_pca.pdf (acessado em 24 de outubro de 2017).

2. A visibilidade do Deus invisível Reformando a esperança beatífica

Uma análise panorâmica do vasto terreno da teologia protestante moderna evidencia um profundo abismo: a doutrina da visão beatífica caiu no esquecimento. Friedrich Schleiermacher afirma a doutrina — embora com grande incerteza a respeito de sua conceituação (como uma perfeição estática de nossa consciência de Deus ou como uma experiência progressivamente avançada, mas nunca interrompida, dessa consciência de Deus) — no espaço de uma página e nunca mais toca nesta ideia.[1]

Quando examinamos a teologia protestante do século XX, vemos que os sucessores de Schleiermacher prestaram ainda menos atenção a esta doutrina. Uma olhada no índice ou no texto da *Dogmática Eclesiástica* de Karl Barth não encontra referência a ela. Emil Brunner, seu contemporâneo, oferece um parágrafo de análise à promessa de

---

1. Friedrich Schleiermacher, *The Christian Faith*, ed. H. R. Mackintosh e J. S. Stewart (Philadelphia: Fortress, 1976), 719-20.

que "veremos Deus face a face".[2] Hans Schwarz não dá atenção ao tópico em seu artigo sobre escatologia no influente livro-texto luterano *Dogmática Cristã* editado por Carl Braaten e Robert Jenson, e o silêncio desse extenso artigo também é correspondido em sua monografia sobre escatologia.[3] Quanto a Robert Jenson, este conclui o volume 2 de sua teologia sistemática, intitulada *The Works of God*, com um capítulo intitulado "Telos". Neste capítulo, ele oferece, no decorrer de uma frase, uma abordagem compacta e revisionista da visão beatífica: "Deus fará com que os remidos o vejam: o Pai pelo Espírito fará dos olhos de Cristo os olhos deles". O caráter revisionista dessa afirmação — fundindo Cristo e os redimidos — é esclarecido em mais uma frase: "Dentro de todas as categorias, os redimidos serão apropriados pelo próprio ser de Deus".[4] Gerhard Sauter nunca menciona o tópico em seu *What Dare We Hope? Reconsidering Eschatology*.[5]

As duas teologias sistemáticas de língua alemã mais aclamadas do recente século XX seguem a mesma toada. *The Coming of God*, de Jürgen Moltmann, menciona brevemente a *visio Dei* em três passagens breves: em uma frase curta ("quando ele aparecer, nós — e eles — o veremos como ele é e seremos como ele [1Jo 3.2]"), em uma sentença ("diante de sua 'face revelada'") e, finalmente, em outra frase ("poderemos

---

2. Emil Brunner, *The Christian Doctrine of the Church, Faith, and the Consummation*, vol. 3 de *Dogmatics*, trad. David Cairns e T. H. L. Parker (Philadelphia: Westminster, 1962), 440. [Edição em português: *Doutrina Cristã da Fé e Consumação*, vol. 3, tomo 2 da *Dogmática* (São Paulo: Fonte, 2020)]

3. Hans Schwarz, "Eschatology", em *Christian Dogmatics*, ed. Carl Braaten e Robert Jenson (Minneapolis: Fortress, 1984), 2:475-588 [edição em português: *Dogmática Cristã* (São Leopoldo: Sinodal, 2004)]; Hans Schwarz, *Eschatology* (Grand Rapids: Eerdmans, 2000).

4. Robert W. Jenson, *Systematic Theology*, vol. 2 de *The Works of God* (New York: Oxford University Press, 1999), 369.

5. Gerhard Sauter, *What Dare We Hope? Reconsidering Eschatology* (Harrisburg, PA: Trinity Press International, 1999). Uma sentença dessa obra (p. 107) se refere à "visão de Deus", mas em referência à visão que Deus tem de nós (o que, conforme se lê, reconfigura a maneira como nós vemos a nós mesmos), mas não a nossa visão de Deus.

contemplar sua face sem perecer").[6] E Wolfhart Pannenberg só menciona a noção de passagem ao descrever como Bento XII abriu a porta no século XIV para o pensamento de que o estado intermediário detinha todos os privilégios salvíficos dentro dele (incluindo a visão beatífica).[7]

Enquanto a escatologia ganhou proeminência na teologia protestante do século XX, a visão beatífica parece ter saído completamente de cena.[8] A ausência é gritante à luz do lugar substancial ocupado pela doutrina da visão beatífica na fé e na prática clássicas, onde a visão beatífica desempenhou um papel nos prolegômenos (como a forma última do conhecimento humano de Deus), na escatologia (como a esperança central do cristão) e na ética (como força motriz ou motivação para a disciplina ascética). A teologia católica romana na era moderna continuou a atender a esse *locus* clássico, desde considerações em encíclicas papais até livros dogmáticos e de estudos históricos e filosóficos, que marcaram suas conversas mais vibrantes nas últimas décadas. Na verdade, a teologia católica romana permaneceu presa a discussões sobre natureza e graça, e apareceu nos argumentos a favor e contra a chamada *nouvelle théologie* que tanto dominou a metade e o final do século XX.

A teologia protestante moderna, no entanto, raramente se engajou no tópico, e apenas em análises muito abreviadas. Há razões — polêmicas por natureza — para essa ausência. Talvez um exemplo seja instrutivo para ajudar a destrinchá-las. Herman Bavinck oferece um longo

---

6. Jurgen Moltmann, *The Coming of God: Christian Eschatology*, trad. Margaret Kohl (Minneapolis; Fortress, 1996), 107, 296, 317.

7. Wolfhart Pannenberg, *Systematic Theology*, trad. Geoffrey Bromiley (Grand Rapids: Eerdmans, 1998), 3:577 [edição em português: *Teologia Sistemática*, vol. 1-3 (São Paulo: Paulus, 2009)]. Ele também fornece uma referência oblíqua à a respeito da palavra "entrar" em Mateus 5.8 referir-se à visão de Deus (528n7).

8. Uma exceção digna de nota é o recente relato oferecido por Anthony C. Thiselton, *Life after Death: A New Approach to the Last Things* (Grand Rapids: Eerdmans, 2012), 185-215.

comentário sobre escatologia em sua *Dogmática Reformada*, abordando tópicos do estado intermediário, o retorno de Cristo, o quiliasmo,[9] o futuro de Israel, o dia do Senhor e o julgamento e a renovação da criação.[10] No entanto, a noção da visão beatífica recebe menos de dois parágrafos de atenção (722). O foco de Bavinck está nos perigos do espiritualismo. Ele admite que, "sem dúvida, há alguma espiritualização da profecia do Antigo Testamento presente no Novo Testamento", observando as maneiras pelas quais a dupla aparição de Cristo exige que, por um tempo, algumas das características de seu reino sejam verdadeiras apenas espiritualmente, mas, em seu retorno, também fisicamente. "Mas isso não limita essa bem-aventurança ao céu. Este não pode ser o caso, como é basicamente evidente pelo fato de que o Novo Testamento ensina a encarnação do Verbo e a ressurreição física de Cristo; o Novo Testamento aguarda ainda seu retorno físico no fim dos tempos e imediatamente depois tem em vista a ressurreição física de todos os seres humanos, especialmente dos crentes" (718). Sua avaliação: "Tudo isso significa o colapso do espiritualismo". De fato, "por mais equivocado que seja — junto com os povos pagãos e alguns quiliastas — fazer do material o principal componente da bem-aventurança futura, também é unilateral e estóico considerar o físico com indiferença ou excluí-lo totalmente do universo do estado de bem-aventurança" (720). Bavinck vê tal noção como uma ênfase exclusivamente protestante sobre a renovação da criação; o monasticismo simbolizando o foco oriental e romano em uma esperança puramente sobrenatural que ele chama de

---

9. N. do T.: termo referente à crença de que os salvos reinarão por mil anos sobre a terra; milenarismo.

10. Herman Bavinck, *Holy Spirit, Church, and New Creation*, vol. 4 de *Reformed Dogmatics*, ed. John Bolt, trad. John Vriend (Grand Rapids: Baker Academic, 2008), 589-730. [Edição em português: *Espírito Santo, Igreja, Nova Criação*, vol. 4 da *Dogmática Reformada* ed. John Bolt, trad. Vagner Barbosa (São Paulo: Cultura Cristã, 2019)]. Referências futuras à edição em inglês desta obra encontram-se no texto com o número de páginas entre parênteses.

"abstrata" e "exclusivamente transcendente". Em resumo, ele observa que "a Reforma, voltando às Escrituras, em princípio superou essa visão sobrenatural e ascética da vida" (721).

Bavinck afirma a visão de Deus como parte de sua discussão sobre as "bênçãos dos redimidos". "A contemplação (*visio*), a compreensão (*comprehensio*) e o desfrute de Deus (*fruitio Dei*) constituem a essência de nossa futura bem-aventurança. Os redimidos vêem a Deus" (722). Uma noção elevada desta visão é oferecida: ela é desfrutada "diretamente, imediatamente, inequivocamente e puramente", como é apropriado para uma imagem do próprio conhecimento de Deus de si mesmo. Bavinck volta-se então para os debates entre os teólogos medievais sobre a sede dessa visão de Deus: seja na mente (Tomás de Aquino) ou na vontade (John Duns Scotus) ou em alguma combinação delas (Boaventura). A exposição não oferece uma abordagem particular a essa questão, nem mesmo expressa porque ela era importante ou de onde vinham suas posições. Mas o assunto é reconhecido mesmo assim.

O que fazemos com uma teologia onde a visão beatífica deixa de ter qualquer influência ou força real? Seja na atenção mínima de Bavinck ou na completa ausência de qualquer enfoque como encontrado em outros, não podemos negar que o tópico falhou em capturar o escrutínio ou a imaginação dos teólogos protestantes modernos. Podemos mudar levemente nossa questão: que perdas ocorrem, sistematicamente, quando esse *locus* deixa de funcionar de maneira operativa? Podemos analisar essas perdas em duas categorias: perdas diretas e perdas indiretas. Em ambos os casos, deve-se notar que essas perdas não são necessariamente verdadeiras sempre que alguém nega ou desloca a visão beatífica. Elas são, antes, sintomas prováveis que podem ser sistematicamente registrados ao refletir-se sobre a função desempenhada por essa doutrina na teologia clássica e, então, observando qual atrofia doutrinária pode (ou poderia) ter ocorrido quando uma peça substancial do quebra-cabeça do evangelho é retirada.

Diretamente, a ausência da visão beatífica da teologia protestante moderna leva a uma lacuna particular dentro do mundo da escatologia cristã. Certamente será difícil cair em um espiritualismo, como temia Bavinck, mas pode haver o risco de alguma forma de naturalismo. Talvez não seja um naturalismo estritamente imanentista, desprovido de envolvimento divino ou de uma capacitação graciosa, mas pode muito bem ser um naturalismo. A escatologia pode se voltar para a renovação da criação por meio da articulação das maneiras pelas quais a sociedade, o *self de cada pessoa* e as estruturas são restaurados de volta aos fins para os quais foram criados. Particularmente nos esforços para pensar além da espiritualização da fé ou na preocupação apologética de se relacionar com projetos antropológicos mais amplos e de grande valor, a escatologia pode ser relacionada principalmente ao estado das coisas no presente mundo. O espiritualismo não é a única abordagem reducionista à disposição.

Indiretamente, no entanto, há potencial para uma série de perdas correlatas, causadas pelo papel reduzido (se ainda houver algum de fato) desempenhado pela visão beatífica na teologia protestante moderna. Pelo menos duas grandes preocupações vêm à tona imediatamente. Primeiro, uma perda de foco sobre a visão beatífica pode distorcer um relato cristão da humanidade ao ocultar ou, pior ainda, descartar uma faceta constituinte da teleologia humana. Um volume recente de Hans Boersma, *Heavenly Participation*, tenta articular e contrariar esta tendência na escatologia moderna.[11] Da mesma forma, uma das principais objeções de Matthew Levering à escatologia de N. T. Wright e outros estudiosos do Novo Testamento envolve a maneira pela qual a preocupação com abordagens sobrenaturalistas pode rapidamente se tornar míope e perder de vista a presença transcendente do Deus

---

11. Hans Boersma, *Heavenly Participation: The Weaving of a Sacramental Tapestry* (Grand Rapids: Eerdmans, 2011).

trino que estará com seus filhos e visível a eles.[12] Boersma e Levering apresentam uma visão teocêntrica da humanidade — de tal forma que seria falso interpretar suas preocupações como estritamente antropológicas — e, ainda assim, com a atenção firmemente fixada em observar questões antropológicas à luz da história e das promessas de Jesus Cristo. Erros antropológicos podem ser observados quando a visão beatífica é marginalizada ou descartada, e as recalibragens sugeridas, que afirmam estar mais sintonizadas com a síntese platonista-cristã ou com a tradição tomista, são apresentadas como um caminho melhor.

Uma segunda perda formal ocorre, porém, quando a visão beatífica deixa de ter um papel operativo na reflexão sobre a fé e a prática cristãs. Devemos não apenas perguntar sobre como essa ausência afetará nossa antropologia, mas também prestar atenção em como ela moldará nossa teologia propriamente dita. Especificamente, o que a visão beatífica nos diz sobre Deus? Estamos perguntando não sobre a humanidade e nosso fim, mas sobre Deus e seus propósitos: de que maneira a visão beatífica enriqueceu e subscreveu uma visão particular do caráter e da vontade de Deus, e de que maneira sua ausência ou supressão poderão remodelar essa compreensão do caráter de Deus?

Este capítulo tentará abordar essas questões recorrendo a um teólogo protestante moderno que abordou a visão beatífica em detalhes, G. C. Berkouwer. Em seu relato da *visio Dei*, Berkouwer relacionou este *locus* doutrinário aos atributos divinos, especificamente à questão da invisibilidade divina. Ele ofereceu o que pode ser chamado com segurança de um relato bastante iconoclasta do caráter divino, sugerindo que a realidade de nossa esperança na *visio Dei* deveria ter levado os teólogos a negar a doutrina da invisibilidade divina. Em nossas considerações, portanto, abordaremos essa questão sobre o potencial impacto

---

12. Matthew Levering, *Jesus and the Demise of Death: Resurrection, Af- terlife, and the Fate of the Christian* (Waco, TX: Baylor University Press, 2012), 109-26.

teológico que a visão beatífica pode ter sobre a (in)visibilidade do Deus trino. Nossa análise traçará quatro etapas. Primeiro, consideraremos as raízes da doutrina da invisibilidade divina dentro da tradição teológica clássica. Berkouwer acusa a doutrina de ser um acréscimo da filosofia grega, então suas raízes nas análises bíblicas e/ou filosóficas devem ser avaliadas. Em segundo lugar, devemos nos voltar para a promessa bíblica da visão beatífica e as maneiras pelas quais sua exposição bíblica toca o caráter divino, questionando se o testemunho profético e apostólico sugere que uma conexão como a articulada por Berkouwer deva ser articulada aqui. Terceiro, destrincharemos a forma trinitária da (in)visibilidade de Deus, perguntando se esses são atributos compartilhados ou se são características próprias de uma ou mais das pessoas divinas. Quarto, enfim, estaremos em condições de refletir sobre as afirmações de que Deus é invisível e visível, seus méritos teológicos e suas relações sintéticas. Ao fazê-lo, esperamos que o significado de recuperar o foco clássico sobre uma noção teocêntrica de bem-aventurança será combinado com um compromisso igualmente vital dentro da teologia reformada em alinhar ainda mais essa visão beatífica ao longo de linhas centradas em Cristo e especificamente trinitárias.

INVISIBILIDADE, MAS VINDA DE ONDE? AS RAÍZES EXEGÉTICAS DA AFIRMAÇÃO CLÁSSICA

Quase único entre os dogmáticos modernos no mundo protestante, G. C. Berkouwer oferece um amplo relato da *visio Dei* em seu extenso estudo *The Return of Christ*.[13] Na verdade, este capítulo e aquele volume servem como um microcosmo ilustrativo de seu

---

13. G. C. Berkouwer, "*Visio Dei*", em *The Return of Christ*, ed. Marlin van Elderen, trad. James van Oosterom, Studies in Dogmatics (Grand Rapids: Eerdmans, 1972), 359-86. Referências futuras a esta obra acham-se no texto com o número de páginas entre parênteses.

projeto dogmático: avaliar pacientemente o testemunho bíblico, viajar caridosamente pelos vários debates históricos e abordar apaixonadamente as preocupações e questões contemporâneas. A série *Studies in Dogmatics*[14] de Berkouwer sempre mostrou uma preocupação em renovar a prática teológica da igreja pela recuperação do passado: tanto do testemunho escriturístico dos profetas e apóstolos quanto de sua recepção intelectual e espiritual na história da igreja católica. Neste caso, porém, o engajamento de Berkouwer com a tradição acaba tomando um elemento dessa tradição católica (o foco na visão beatífica e sua relação com várias teofanias) e sugerindo que esta requer a modificação de outra faceta dessa tradição (a doutrina da invisibilidade divina). O que se inicia como um alinhamento à tradição mostra-se, no fim, como uma versão decididamente crítica a ela.

A atenção de G. C. Berkouwer à *visio Dei* leva-o a afirmar a visibilidade de Deus e, ao fazê-lo, a negar a invisibilidade como um atributo divino. Ele sugere que a doutrina da invisibilidade tem uma fonte problemática e uma falha na capacidade de dar sentido à amplitude do ensino bíblico, especificamente de textos que abordam a visão de Deus. Berkouwer não ignora textos que sugerem que Deus não pode ser visto. Ele pode apresentar uma litania de tais ensinamentos bíblicos:

> O Antigo Testamento nos diz que ninguém pode ver a Deus e viver (Êx 33.20); João vai mais longe: "ninguém jamais (*popote*) viu a Deus" (Jo 1.18; cf. 1Jo 4.12); e Paulo leva isso ao extremo: "ninguém jamais viu, ou é capaz de ver" a Deus (1Tm 6.16). É como se a invisibilidade fosse um atributo indubitável de Deus (cf. 1Tm 1.17). (360)

---

14. N. do T.: Esta série teve dois volumes publicados em português: Doutrina Bíblica do Pecado (São Paulo: ASTE, 2005) e A Pessoa de Cristo (São Paulo: ASTE, 2011)

Seria mais preciso, diz ele, considerar tais casos como limites de permissão, não de capacidade: "Não se pode ver a Deus", e não "É impossível ver a Deus".[15] "Há passagens na Bíblia em que o ver a Deus é mencionado como um perigo mortal. Obviamente, não é uma 'invisibilidade' dogmatizada que explica isso, mas a própria possibilidade de vê-lo"; ele insiste ainda mais: "A possibilidade de se ver Deus é o pano de fundo do medo das consequências" (361). Berkouwer sugere que os limites são morais, não óticos, e dizem respeito à permissão, não à capacidade.

Se não a partir desses textos, em que ponto Berkouwer vê a invisibilidade entrando na história da doutrina? De acordo com sua avaliação histórica, é aqui que vemos um exemplo de helenização e de reação exagerada ao pensamento grego. Por um lado, ele sugere que uma escassez de referências à visão de Deus pode ser uma forte reação ao enfoque grego dado à "contemplação", que ele acredita ser parte dessa mentalidade (360). Por outro lado, Berkouwer sugere várias vezes ao longo de seu capítulo que o desenvolvimento da doutrina da visão beatífica foi devido a vários tipos de influências gregas. Ele cita o argumento de E. Baert de que "por causa da influência do misticismo helenístico e da apreciação grega pela contemplação, a teologia posterior colocou mais peso sobre a visão de Deus do que o NT" (360n1). Mais tarde, ele observa, em conexão com o desenvolvimento da invisibilidade como uma doutrina cristã, a comparação feita por Rudolf Bultmann entre a religião grega e a israelita-judaica, sugerindo que esta última não inclui qualquer noção de invisibilidade e que, por implicação, as reflexões patrísticas posteriores nesse sentido devem ter sido influenciadas por fontes helenísticas (364n11). Mais tarde, Berkouwer volta à afirmação de Bultmann de que *aōratos theós* (linguagem

---

15. N. do T.: No original, "God may not be seen, and not God cannot be seen."

da "invisibilidade de Deus" encontrada em Colossenses 1.15, 1 Timóteo 1.15 e Hebreus 11.27) surgiu "em conexão com outras predicações divinas helenísticas" (367n18). Finalmente, quando ele discute a afirmação medieval de que a visão beatífica realmente envolve a visão da essência de Deus (*per essentiam*), ele observa o argumento de Herman Bavinck de que isso denuncia a influência do misticismo neoplatônico (374).

Berkouwer não está fazendo essas afirmações doutrinárias em sua própria voz. Em todos os casos, ele está fazendo referência às análises de recepção histórica e de religião comparada feitas por outros estudiosos: Baert, Bultmann e Bavinck. Duas coisas permanecem dignas de nota, no entanto, na avaliação dessas citações. Em primeiro lugar, não é atípico que Berkouwer faça afirmações na voz de uma terceira pessoa; a amplitude de sua pesquisa dogmática nesta série *Studies in Dogmatics* significa que ele muitas vezes fala através da voz de vários especialistas, sejam eles estudiosos bíblicos ou historiadores da filosofia e do dogma. Em segundo lugar, vale a pena notar que em nenhum lugar ele mostra qualquer pausa, hesitação ou desacordo com qualquer um desses julgamentos históricos. Embora ele esteja mais do que disposto a criticar vários críticos ao longo de seus volumes, aqui ele apenas os observa afirmativamente e, devemos supor, em concordância. Assim, somos levados a concluir que a sugestão esmagadora de Berkouwer é que os escritos apostólicos do Novo Testamento demonstram um certo desinteresse ou uma falta de ênfase na visão beatífica como um contraste intencional com o pensamento helenístico contemporâneo, mas que a teologia cristã posterior desenvolveu esse foco na *visio Dei* porque foi influenciada por esse mesmo helenismo. A linguagem de Paul Gavrilyuk, desenvolvida em seu estudo da doutrina da impassibilidade, também é esclarecedora aqui, pois Berkouwer certamente apresenta um esboço da "queda da teologia na filosofia helenística", pelo menos no que diz respeito à doutrina da invisibilidade divina.[16]

Berkouwer certamente está certo ao notar que a invisibilidade foi tratada como se fosse "um atributo indubitável de Deus". Ele observa que a confissão de sua própria igreja, a Confissão Belga, afirma a invisibilidade ao lado de uma série de outros atributos clássicos de Deus: "Todos nós cremos com o coração e confessamos com a boca que existe um único Ser simples e espiritual, que chamamos de Deus; e que ele é eterno, incompreensível, invisível, imutável, infinito, todo-poderoso, perfeitamente sábio, justo, bom e a fonte transbordante de todo bem".[17] A invisibilidade não é exclusiva da tradição confessional reformada ou de sua dogmática. É um marco na teologia cristã clássica. Exegeses e homilias relacionadas a João 4.24 ("Deus é espírito") ou Colossenses 1.15 ("a imagem do Deus invisível") invocavam regularmente a linguagem da invisibilidade usada por teólogos das eras patrísticas, medievais e da Reforma.

Questões podem ser levantadas, no entanto, sobre os julgamentos históricos de Berkouwer. Primeiro, a sugestão de que a influência grega está por trás dessa afirmação levanta tantas perguntas quanto apresenta respostas. Que tradição grega ele sugere exercer tal influência? Isto é feito de forma acrítica? Embora ele esteja disposto a notar que os gregos eram um "povo dos olhos", podemos insistir e perguntar por que esse pensamento grego levaria os cristãos a falar de

---

16. Paul L. Gavrilyuk, *The Suffering of the Impassible God: The Dialectics of Patristic Thought*, Oxford Early Christian Studies (Oxford: Oxford University Press, 2006).

17. "The Belgic Confession (1561, Revised 1619)", em *Reformed Confessions of the Sixteenth Century*, ed. Arthur Cochrane (Louisville: Westminster John Knox, 2003), 189 (artigo 1). Uma linguagem semelhante é vista na Segunda Confissão Helvética ("Second Helvetic Confession [1566]", em *Reformed Confessions of the Sixteenth Century*, 228 [cap. 3]) e na Confissão de Fé de Westminster("Westminster Confession of Faith", em *Creeds of the Churches: A Reader in Christian Doctrine from the Bible to the Present*, ed. John H. Leith, 3a ed. [Louisville: John Knox, 1982], 197 [cap. 2]).

Deus como invisível. Alguma especificidade deve ser buscada. Em segundo lugar, devemos investigar os textos bíblicos que excedem os parâmetros exegéticos do próprio relato de Berkouwer, pois alguns textos parecem não vincular a invisibilidade a questões morais, mas a limites ontológicos.

Não ofereceremos uma taxonomia completa das maneiras pelas quais os gregos pensavam a respeito da (in)visibilidade divina, nem um relato genealógico de como essa miríade de abordagens foi recebida de forma crítica, ou talvez acrítica, por várias figuras dentro das primeiras igrejas cristãs. Não excluímos tal discussão ou sugerimos que ela seja desinteressante, embora sua resolução não seja nosso objetivo. Basta dizer, contudo, que a questão da exegese bíblica é suficiente para provocar uma reconsideração da abordagem de Berkouwer em seus próprios termos. Não é necessário mostrar que não há qualquer tipo de influência da "mentalidade grega" sobre ele para apreciar a pressão bíblica mais ampla em direção à doutrina da invisibilidade divina que é encontrada não apenas na tradição reformada, mas também na reflexão teológica mais profunda da tradição católica. Por exemplo, Wolfgang Musculus não apenas afirma a invisibilidade de Deus, mas também elogia certos pensadores pagãos por sua consciência desse atributo divino: Pitágoras, Catão e Virgílio entre eles. Mas Musculus não está afirmando ter desenvolvido sua teologia da invisibilidade divina fora desse contexto pagão; em vez disso, ele está notando uma crença compartilhada que encontrou explicitamente confessada em textos como João 4.24.[18] Perceber Musculus como alguém que está dialogando com — e nem sempre desdenhando de

---

18. Wolfgang Musculus, *Loci communes sacrae theologiae*, 3a ed. (Basel: Johann Herwagen, 1573), I.iii; Wolfgang Musculus, *Commonplaces of Christian Religion* (London: R. Wolfe, 1563), 8. Veja Richard A. Muller, *Post-Reformation Reformed Dogmatics: The Rise and Development of Reformed Orthodoxy, ca. 1520 to ca. 1725*, vol. 3 de *The Divine Essence and Attributes* (Grand Rapids: Baker Academic, 2003), 299.

— a filosofia pagã, enquanto permanece motivado e pressionado pela exegese bíblica, não é prova, é claro, de que nem ele nem qualquer outro teólogo cristão jamais foi influenciado negativamente por noções extra-bíblicas de invisibilidade. Mas desmente a noção de que isto acontece necessariamente e incita uma avaliação crítica, embora simpaticamente engajada, da história da doutrina.[19]

A Confissão Belga cita Romanos 1.20 por causa de sua afirmação de que a invisibilidade está entre os atributos divinos. Essa passagem está notavelmente ausente do capítulo de Berkouwer sobre a *visio Dei*, embora seja a única citação bíblica explícita para essa afirmação doutrinária nos padrões confessionais de sua igreja. Nesta passagem, Paulo escreve: "Porquanto o que de Deus se pode conhecer é manifesto entre eles, porque Deus lhes manifestou. Porque os atributos invisíveis de Deus, assim o seu eterno poder, como também a sua própria divindade, claramente se reconhecem, desde o princípio do mundo, sendo percebidos por meio das coisas que foram criadas" (Rm 1.19-20). Ambrosiaster comentou: "Deus, que é invisível por natureza, para ser cognoscível para criaturas visíveis, fez uma obra que, por sua própria visibilidade, revelou seu criador".[20] O que é notável sobre este texto — e o silêncio de Berkouwer sobre ele — é

---

19. Vale observar que a consciência da visibilidade de Deus não é uma novidade na era supostamente pós-metafísica ou em um tempo dominado pela teologia narrativa. Muito pelo contrário, esses vários exemplos bíblicos de visibilidade divina têm sido debatidos ao longo dos séculos. Por exemplo, os "antropomorfistas" do século XVII e os escolásticos do alto período da Reforma Ortodoxa debatiam seu significado, não sua existência (Veja Muller, *Post-Reformation Reformed Dogmatics*, 3:303-7). Embora os textos de invisibilidade possam receber menos atenção dos teólogos pós-metafísicos, é falso inverter essa afirmação e sugerir que os textos de visibilidade divina foram de alguma forma menos notados ou mesmo discutidos por aqueles teólogos que trabalharam dentro dos parâmetros daquilo que se chama de teísmo clássico.

20. Citado em Peter Lombard, *The Sentences*, vol. 1, *The Mystery of the Trinity*, trad. Giulio Silano, Mediaeval Sources in Translation 42 (Toronto: Pontifical Institute of Mediaeval Studies, 2007), 19 (distinction 3, chapter 1).

o fato de que Paulo está trabalhando aqui com a doutrina da criação e da revelação antes da entrada do pecado e afirmando a invisibilidade de Deus como uma realidade que molda nosso relacionamento com Deus desde antes de nossas falhas morais. Romanos 1.20 não fala de permissão divina – ou falta desta – para a visão de Deus. Fala da incapacidade de experimentar a visão de Deus naqueles que são (naquela época) moralmente corretos.

Embora Berkouwer possa estar certo ao dizer que alguns textos bíblicos apenas mencionam que Deus não é visível como um limite moral (não uma restrição ótica ou ontológica), o testemunho bíblico inclui textos que parecem falar dessa maneira metafísica mais ampla. Romanos 1.20 — junto com outros textos como Colossenses 1.15 e 1 Timóteo 1.17—parece falar da invisibilidade como um atributo divino e não simplesmente a maneira pela qual Deus é experimentado agora por pecadores incapazes de "ver aquele que é invisível" (Hb 11.27). E mesmo que algum fascínio e expressão da natureza da visão beatífica possa ser devido à influência de certas partes do pensamento grego, os teólogos cristãos das tradições clássicas e reformadas acharam adequado prestar atenção a fontes tanto da filosofia pagã quanto dos escritos proféticos e apostólicos da Sagrada Escritura. Além disso, tais teólogos fizeram diferenciação entre estes dois grupos de fontes, e enraizaram suas próprias reivindicações na autoridade da Escritura.

VISIBILIDADE, MAS QUANDO?
A PROMESSA ESCATOLÓGICA DA VISÃO DIVINA

Vimos que a doutrina da invisibilidade divina tem uma linhagem bíblica, de modo que a afirmação de Berkouwer de que tal doutrina é meramente um acréscimo helenístico não pode ser sustentada. Mais uma vez, esta pode ter sido intensificada ou mesmo alterada pelo pensamento helenístico, mas não é uma mera postulação da filosofia grega: a exegese bíblica de uma enorme quantidade de textos guiou sua transmissão e desenvolvimento. Dito isso, devemos atentar agora a outra vertente de textos nas Sagradas Escrituras que abordam a visibilidade de Deus. Em particular, devemos refletir sobre as implicações teológicas da visão beatífica.

A visão beatífica não aparece do nada, canonicamente falando, mas vem em meio a uma narrativa em que Deus é ocasionalmente "visto". Gênesis 3.8 relata a caminhada de Deus no jardim do Éden, sugerindo que ele estava ocularmente disponível para engajamento da parte de Adão e Eva. Os intérpretes têm lido regularmente a aparência dos visitantes de Abraão em Gênesis 18 como uma teofania, na medida em que tomam o discurso em primeira pessoa em seus lábios e o identificam como divino. Jacó luta com o Todo-Poderoso, conforme relatado em Gênesis 32. Moisés vê o lado de trás de Deus em torno da fenda de uma rocha: não é a visão de Deus que Moisés pedira, mas não deixa de ser uma permissão positiva, conforme descrito em Êxodo 34. Estas experiências são relatadas em vários pontos do Antigo Testamento (1Rs 22.19; Is 6.1).

Estas demonstrações da visão divina são regulares o suficiente para encontrarmos uma referência comum surgindo nos salmos de Israel com relação à expectativa e à experiência da visão divina (por exemplo, Ps 11.7; 17.15; 27.4; 34.8, 12; 36.9; 123.2).[21] Eventualmente, o salmista sabe o suficiente para fazer a pergunta necessária: "Quando irei e contemplarei a face de Deus?" (Sl 42.2 TA). Tal pergunta só faz sentido em meio a uma tradição corrente em que se acredita que Deus é visível de maneira íntima (visível em seu próprio rosto). Como afirma o Salmo 11.7, existem condições morais para tal contemplação:

---

21. Para um argumento com relação a esse discurso metafórico, embora ainda literal, sobre Deus, veja Patrick D. Miller, *The Lord of the Psalms* (Louisville: Westminster John Knox, 2013), 29-38.

"Porque o Senhor é justo, ele ama a justiça; os retos lhe contemplarão a face". Mas para aqueles que são justos, essa visão abençoada faz parte de sua recompensa prometida, mesmo que sua experiência atual (muitas vezes calamitosa e debaixo de perseguição) sugira o contrário.

E, claro, tais referências não se limitam ao Antigo Testamento, como se o Novo Testamento não descrevesse nenhuma experiência visual de Deus. Longe disso, pois o Apocalipse de Jesus Cristo, revelado a João em Patmos, não culmina apenas com a promessa dos novos céus e nova terra ou da Jerusalém celestial, mas com a visão de Deus, pois "eles verão a sua face" (Ap 22.4). Os escritos apostólicos coincidem com essa visão apocalíptica, pois Paulo fala consistentemente da visão vindoura de Deus em Cristo (por exemplo, 1Co 13.12; 2Co 3.17-18). A prometida visão beatífica encontra expressão nos salmos de Davi, no testemunho profético do povo de Deus exilado, e também na escatologia apostólica e apocalíptica da igreja cristã nascente.

O próprio Jesus aponta para esta esperança abençoada: "Bem-aventurados os limpos de coração, porque verão a Deus" (Mt 5.8). Suas palavras, no entanto, observam que tal realidade é uma bênção e, como tal, é reservada para aqueles que são limpos. Não é uma experiência disponível naturalmente, muito menos algo que pode ser coagido ou manipulado por meio de ajustes tecnológicos, morais, relacionais ou fenomenológicos. Permanece uma bênção invocada por seu objeto e mais ninguém. Ele chama tal esperança abençoada à existência; nós não a convocamos. E sua abençoada visão é alcançada pelos "limpos de coração". Essa contingência moral é observada em outros escritos do Novo Testamento. "Procurem viver em paz com todos e busquem a santificação, sem a qual ninguém verá o Senhor" (Hb 12.14, NAA).

A visibilidade não é retratada em nenhum lugar como algo de fácil acesso. Por um lado, Deus normalmente não está disponível no presente momento. Ele preparou seus discípulos — e por meio de seu testemunho apostólico, a igreja em geral — para sua ausência percebida ou, melhor dizendo, sua presença percebida de uma maneira diferente. Ele agora estará presente através do testemunho de seu Espírito Santo (Jo 13.19, 26; 16.4-15). Por outro lado, mesmo a invasão de Deus — seja na forma de uma teofania temporária ou na encarnação duradoura do Filho — não é acessível a todos. Muitos observam sem ver. Alguns viram seus milagres e sua fidelidade e não acreditaram; alguns viram tudo isso e muito mais, e o executaram. E isso não é uma novidade do Novo Testamento. De fato, "a noção de encarnação só faz sentido no Novo Testamento se refletir, apontar ou surgir do que sabemos sobre Deus no Antigo Testamento".[22] Assim, a presença de Deus é palpável nos dois testamentos, mas, em ambos os casos, nem todos os que chegam à vista de Deus estão cientes de sua aparição.

Os profetas e os apóstolos testemunham a presença de Deus e seu testemunho dessa realidade assume a forma de linguagem ocular de contemplação de Deus. Em vários pontos altos da economia divina, vemos que Deus se torna visível para seu povo: no Éden, no Sinai, no templo e durante o ministério de Jesus. Além disso, vemos que há uma forte e crescente sensação de que, implícita em nossa bendita esperança, está uma visão beatífica, a saber, que Deus será plena e finalmente visível para seu povo. Essa visão glorificada contrasta com a ausência perceptiva de Deus e a visão limitada e qualificada experimentada mesmo em momentos importantes de sua história de revelação. Assim, nossas reflexões dogmáticas sobre as implicações teológicas da visão beatífica devem atender ao vínculo entre o testemunho bíblico a respeito tanto da visibilidade quanto da invisibilidade do Deus trino.

---

22. Miller, *Lord of the Psalms*, 31.

Visibilidade de quem?
Especificidades reformadas e católicas a respeito da visibilidade trinitária

Antes de mergulhar completamente na questão a respeito da maneira como visibilidade e invisibilidade se relacionam na vida trinitária, faremos bem em abordar uma maneira comum de proceder. Não é anormal interpretar a Trindade como sendo fundamentalmente invisível (como Espírito) e enxergar a visibilidade divina inteiramente como uma função da encarnação do Filho divino. Assim, o Filho é confessado como visível (em sua humanidade), enquanto o Pai e o Espírito Santo são, no entanto, totalmente invisíveis. É bom notarmos o apelo de tal esquema. Ele permite duas bifurcações. Primeiro, há uma bifurcação trinitária em que a visibilidade só ocorre no caso do Filho em sua encarnação. Em segundo lugar, há uma bifurcação teológica entre a invisibilidade de Deus e a visibilidade da humanidade do Filho.

As testemunhas apostólicas da encarnação marcam-na como uma ocorrência única e surpreendente. O prólogo joanino é exemplar, embora não único, nesse sentido. "Ninguém jamais viu a Deus; o Deus unigênito, que está no seio do Pai, é quem o revelou" (1.18). Embora tenha havido teofanias e visões proféticas de antemão, há algo novo aqui. Tão novo que Paulo pode falar aos efésios e aos colossenses sobre um mistério que só agora foi revelado e fazer uso da linguagem das trevas e da luz para expressar essa nova clareza e manifestação em Cristo Jesus (Ef 1.9; Cl 1.26-27; 4.3). À luz dessa ênfase apostólica, devemos fazer uma série de perguntas: a visibilidade divina está localizada apenas aqui? E, em sua presença neste ponto, é apenas a visibilidade do Filho? E, ainda mais, é realmente a visibilidade apenas de sua natureza humana? Essas questões merecem consideração.

Primeiro, é necessário notar que tanto a encarnação quanto o evento de Pentecostes envolvem, de alguma forma, visibilidade divina. Seja nos braços de Maria ou no topo das cabeças dos primeiros discípulos, a visão transmite a ação divina e sua genuína presença em poder. O Pentecostes, é claro, não é a única ocorrência de visibilidade pneumatológica. Não podemos esquecer da descida em forma de pomba por ocasião do batismo de Jesus no rio Jordão. Em nenhum dos casos o Espírito se manifesta em algo que é uma forma duradoura; no entanto, em ambos os casos, o Espírito se revela a nós em, com e através de um meio visível.

Tomás de Aquino refletiu sobre tais ocorrências em sua discussão sobre o que ele chama de "missões visíveis". No meio de sua discussão sobre a Trindade na *Prima Pars* da *Summa theologiae*, ele conclui, na questão 43, abordando as missões das pessoas. Missões são ocasiões em que o movimento da vida divina se estende além da própria vida interna de Deus para envolver outros; aqui, processões tomam forma como missões externas para o relacionamento com os outros. No artigo 7, Tomás aborda a questão "se pertence ao Espírito Santo ser enviado visivelmente". Ele primeiro observa caminhos falsos: teofanias aparentes, visões proféticas e os sacramentos do Antigo e do Novo Testamento não são ocasiões em que qualquer missão visível ocorre. No entanto, Tomás nota dois casos em que uma missão visível é expressa: o batismo de Jesus e o dia de Pentecostes.[23] Tomás não confunde essas missões com a encarnação do Filho; a respeito delas ele diz: "O Espírito Santo, porém, não assumiu as criaturas visíveis em que ele apareceu em uma unidade de pessoa, de tal maneira que o que é atribuível a eles poderia ser aplicado a ele".[24] O Espírito não mantém qualquer relação com uma pomba ou com uma língua

---

23. Tomás de Aquino, *Summa theologiae*, Ia, Q. 43, Art. 7, *ad* 2.
24. Tomás, *Summa theologiae*, Ia, Q.43, Art. 7, *ad* 1.

de fogo, e o Espírito nunca desfrutou de uma união hipostática com nenhuma delas. No entanto, são missões visíveis. Assim, confessamos que as missões visíveis não são todas do mesmo tipo, na medida em que o Filho continua a existir como Jesus de Nazaré e goza de uma união hipostática das naturezas divina e humana, enquanto outras missões visíveis não continuam a existir.[25]

Em segundo lugar, o testemunho do Novo Testamento aponta para a natureza cristológica da visão beatífica. "Porque Deus, que disse: Das trevas resplandecerá a luz, ele mesmo resplandeceu em nosso coração, para iluminação do conhecimento da glória de Deus, na face de Cristo" (2Co 4.6). De fato, os apóstolos testemunham não apenas a promessa positiva da visão de Deus em Cristo, mas também a exclusão de qualquer outra visão de Deus Pai. "Não que alguém tenha visto o Pai, salvo aquele que vem de Deus; este o tem visto" (Jo 6.46). Há um caminho que traz verdade e vida (Jo 14.6); ele é a única visão que temos do Pai. Isso está no coração não só da teologia joanina, mas de toda a teologia apostólica: "E o Verbo se fez carne e habitou entre nós, cheio de graça e de verdade, e vimos a sua glória, glória como do unigênito do Pai" (Jo 1.14).

A visão beatífica do Filho encarnado é possível, plena e definitivamente, porque Deus em sua liberdade assumiu a forma humana e, implícito nisto, assumiu uma natureza humana. Esse ato externo, porém, toma forma trinitária. A manifestação encarnacional do Filho no palco deste mundo não é uma performance solo. Embora ele seja o único que assuma a forma humana e que assuma uma natureza

---

25. Cirilo distingue entre ver a essência divina (o que ele chama "a natureza de Deus em sua própria substância") e o que Ezequiel identifica como "a aparência da glória do SENHOR" (Ez 1.28). "Mais precisamente, era uma semelhança que transmite pensamentos dignos de Deus como uma imagem, enquanto a verdade desses assuntos supera a mente e a fala" (Cyril of Alexandria, *Commentary on John*, ed. Joel Elowsky, trad. David Maxwell, Ancient Christian Texts [Downers Grove, IL: IVP Academic, 2013], 1:70 [sobre João 1.18]).

humana, ele o faz pelo poder do Espírito (conforme confessado nos credos e atestado pelos Evangelhos) e pela vontade do Pai (como ele nos lembra tão frequentemente em suas próprias palavras nos Evangelhos). Este relato batismal atesta visivelmente esta harmonia diferenciada: o Pai falando de sua vontade e prazer, o Espírito descendo para ungir com poder e o Filho como centro e foco de atenção como o Amado de Deus. Tanto o Filho quanto o Espírito estão visivelmente envolvidos na manifestação da missão de Deus para o mundo, mas essas missões não são separáveis, muito menos concorrentes. As obras externas da Trindade são indivisas, embora sejam diferenciadas.

Portanto, devemos primeiro observar que, embora a encarnação seja o momento em que Deus se torna definitivamente visível, isto não significa que somente o Filho aja visivelmente para revelar Deus. No relato batismal e, posteriormente, no dia de Pentecostes, a missão do Espírito também toma forma visível. E a própria manifestação do Filho é um ato trinitário — e não apenas cristológico. É o resultado da vontade em concerto do Deus trino por completo: Pai, Filho e Espírito Santo. Devemos agora nos voltar para a segunda questão, se a visibilidade encarnacional do Filho se restringe ou não à sua humanidade ou se envolve também sua divindade ou sua pessoa. A esse respeito, ouviremos não apenas o testemunho patrístico e de Tomás de Aquino, mas também John Owen e a tradição em desenvolvimento da cristologia reformada.

Não é um *novum* na tradição reformada ou na obra de John Owen sugerir que é a humanidade do Filho divino que permite a visão de Deus. De fato, Gregório de Nissa oferece uma leitura do Cântico dos Cânticos 1.16 que torna a noção de "sombreado" (*suskios*) como uma identificação da humanidade do Filho que permite a visão da face de Deus.[26] Hans Boersma comenta que

---

26. Gregory of Nyssa, *In canticum canticorum* 4.107.9-108.12.

"Gregório aqui descreve a natureza humana de Cristo como uma vestimenta corporal (*peribole*) que ofusca sua divindade, de modo que a encarnação não apenas permite que a natureza divina esteja presente na e com a natureza humana, mas também nos permite ver o próprio Filho de Deus".[27]

Entretanto, a condição concomitante da humanidade de Cristo não significa que a visão abençoada de Deus na face de Cristo possa ser reduzida a uma visão de sua humanidade. Em vez disso, nós o vemos: a pessoa do Filho de Deus, "Deus de Deus, luz de luz, verdadeiro Deus de verdadeiro Deus". Assim como a pessoa é o sujeito de toda ação encarnacional, a pessoa é o objeto de toda visão beatífica. Podemos quebrar isso gramaticalmente. O Filho, enquanto Filho, é visível. Mas o Filho, enquanto Filho, é visível por meio de sua humanidade. Aqui Owen e a tradição reformada estão afirmando com Agostinho que a humanidade do Filho é o instrumento pelo qual a visão de Deus ocorre. No entanto, eles também estão indo além de Agostinho. Michel René Barnes descreveu como Agostinho insistia em que as visões de Deus nas Escrituras (sejam as teofanias na era do Antigo Testamento ou a encarnação no Novo Testamento) eram ocasiões de "matéria criada sendo usada como instrumento de comunicação pela Trindade" e, de fato, que "o que se vê não é Deus; é um sinal ou símbolo da presença de Deus".[28] Agostinho acreditava que Mateus 5.8 — a bem-aventurança observando que os puros de coração (e eles somente) verão a Deus — localizava qualquer visão real de Deus no *eschaton* e não antes. Agostinho acreditava que nossa visão estava restrita à humanidade de Jesus, um sinal de Deus que em si mesmo (como uma natureza humana) não é Deus.

---

27. Hans Boersma, *Embodiment and Virtue in Gregory of Nyssa: An Anagogical Approach*, Oxford Early Christian Studies (Oxford: Oxford University Press, 2013), 91.
28. Michel René Barnes, "The Visible Christ and the Invisible Trinity: Mt. 5:8 in Augustine's Trinitarian Theology of 400", *Modern Theology* 19, no. 3 (2003): 346.

Aqui reside a contribuição da cristologia reformada, como melhor expressada por Owen, mantendo a ênfase na humanidade particular do Filho como o lugar onde Deus é visto e ao mesmo tempo insistindo (além mesmo de Agostinho) que *Deus* realmente é visto aqui. Isto tem implicações escatológicas: Jesus realmente apresentou o reino e, em sua pessoa e presença, nos deu uma amostra (não um substituto) da esperança escatológica para a qual caminhamos com fé. Ou seja, nós vemos a *Deus* e não simplesmente um instrumento ou um apêndice a ele. A cristologia reformada na veia de Owen realmente observa que sua natureza humana torna tal visão real, apresentando-a nas categorias dos olhos e dos sentidos. Mas é igualmente insistente, notadamente quando visto contra seu pano de fundo agostiniano, que ao ver segundo a humanidade se está realmente vendo o Filho de Deus, a segunda pessoa da Trindade. Como sugere a descrição de Gregório, a humanidade do Filho é a vestimenta que dá forma a essa visão, mas é a *pessoa* na vestimenta que vemos: o Filho divino.

As palavras do prólogo joanino são pertinentes novamente: "E o Verbo se fez carne e habitou entre nós, cheio de graça e de verdade, e vimos a sua glória, glória como do unigênito do Pai" (Jo 1.14). O Verbo encarnado que habita entre nós traz visibilidade não apenas para um homem chamado Jesus, mas especificamente para "sua glória", isto é, "glória como do Filho único do Pai". A referência ao "Filho único" (*monogenēs*) certamente deve se referir ao Filho divino como pessoa, em oposição a se referir apenas à natureza humana de Jesus. João não diz meramente que este morava entre nós; ele usa o termo para a presença de Deus no tabernáculo na Antiga Aliança, *eskēnōsen*. A morada de Jesus é a morada de Deus. Tal verdade pode ser vista na próxima frase, em que sua filiação singular é marcada por ser "cheio de graça e verdade". Esta fraseologia é derivada, provavelmente, das palavras do texto de Êxodo 34, em que o nome de Deus foi proclamado diante de Moisés no topo do Monte Sinai.²⁹ Se João identificou o Filho com YHWH por meio de uma das grandes teofanias do Antigo Testamento, bem como com a glória contínua presente no tabernáculo, então nossa visão não é simplesmente do Jesus humano, mas no Jesus humano realmente vemos a Deus.

A missão visível do Filho é apenas isto: uma missão visível do Filho. A visibilidade pessoal ocorre apenas por meio do instrumento da humanidade de Jesus, sem dúvida, mas esse tabernáculo realmente serve como uma "roupa" na qual a pessoa do Filho — o Filho único e divino — se manifesta a nós. Teólogos reformados como John Owen enfatizaram, portanto, não apenas a necessidade da natureza humana de Cristo para tornar Deus pessoalmente visível, mas também que, ao fazê-lo, a natureza humana de Cristo realmente torna o Filho de Deus visível em pessoa. Ao fazê-lo, eles afirmaram o argumento de Agostinho, mas o estenderam ainda mais (com Gregório de Nissa) para enfatizar a visão genuína do próprio Deus na encarnação.

DOGMÁTICA E DIALÉTICA:
A IMAGEM DO DEUS INVISÍVEL

Seria de se pensar que já terminamos nosso percurso ao oferecer uma anatomia da visão beatífica e abordar sua forma econômica e encarnacional através da reflexão sobre o enfoque cristológico e o contexto trinitário da promessa apostólica desta *visio Dei*. Mas faremos bem em avançar ainda mais na teologia trinitária, não permitindo que o medo da especulação impeça o surgimento de questões de importância imanente mais profunda. Talvez a gente descubra que não conseguiremos

---

29. Veja D. A. Carson, *The Gospel according to John* (Grand Rapids: Eerdmans, 1991), 129-30. [Edição em português: *O Evangelho de João* (São Paulo: Shedd, 2007)]. Carson rastreia a terminologia desde Êxodo 34.6-7 (*hesed* e *'emet*) através do Antigo Testamento, Septuaginta, e até o período do Judaísmo intertestamentário.

resolver ou responder a todas estas questões. No entanto, fazemos bem em perguntar que verdades profundas sobre as procissões imanentes e a intrínseca plenitude e glória da vida trina se expressam no curso particular dessas missões divinas visíveis. Especificamente, quais verdades são transmitidas na visibilidade de Deus que é expressa na face de Jesus Cristo e atestada pela capacitação dada por seu Espírito Santo.

A necessidade de insistir nessas questões é impelida pelo fato de que as obras externas da Trindade são de fato indivisas. Enquanto apenas o Filho foi encarnado, isso ocorreu pelo Espírito Santo e a mando do Pai. Toda a Trindade quis este efeito e trabalhou para este fim. Assim, enquanto apenas uma pessoa era hipostaticamente visível, devemos dizer que toda a Trindade quer e opera a visibilidade divina. A linguagem das apropriações pode muito bem ser a mais apropriada para descrever essa harmonia ergonômica: o Pai opera a visibilidade por sua vontade amorosa e expressiva, o Filho opera a visibilidade por sua receptividade ao impulso trino e à carne preparada pelo Espírito, e o Espírito opera a visibilidade trazendo o amor do Pai na face veraz da aparição do Filho. Nossa exploração anterior da maneira como a especificidade cristológica se relaciona com o pleno envolvimento trino deve nos impelir, então, a afirmar que Deus como um todo é marcado por um atributo de expressão.[30] De acordo com a vontade do Pai, na face do Filho e pelo poder do Espírito, o Deus trino representa sua invisibilidade.

Indica-se ainda mais a validade de explorar tais questões pelo fato de que o Filho não é meramente visível. De fato, de acordo com diversas vertentes do consenso patrístico sobre a ortodoxia cristológica e

---

30. A visibilidade não precisa ser o único mecanismo linguístico para afirmar esse "atributo de expressão": discurso divino e metáforas auditivas podem ser empregadas (como muitos hoje que fazem muito da utilidade da teoria dos atos de fala e suas raízes no discurso trino: por exemplo, Kevin Vanhoozer). Uma linguagem bíblica mais ampla, é claro, é a própria noção de glória, que pode se referir não apenas ao peso em si, mas também à *gravitas* (que é baseada no peso em si, mas só vem a existir como tal quando estendida entre outros), entre outras.

trinitária, o Filho também permaneceu invisível. Michel René Barnes traçou um consenso crescente entre os pró-Nicenos de que, seja no Oriente (Orígenes) ou no Ocidente (Hilário de Poitiers e, mais tarde, Agostinho), o Filho, após assumir uma natureza humana, foi confessado como sendo — e, mais especificamente, continuamente sendo — tanto visível quanto invisível. De fato, uma grande parte da polêmica de Agostinho contra os homoianos[31] envolveu o argumento de que o Filho era invisível, na medida em que os homoianos acreditavam que a invisibilidade era um atributo definidor da Divindade.[32] E Tomás de Aquino também levantou a questão de saber se a graça invisível — o fruto da(s) missão(ões) invisível(is) da Trindade — inclui o que devemos chamar de missão invisível do Filho, bem como do Espírito. Tomás afirmou isso, argumentando na *Summa theologiae* Ia.43.5 que toda a Trindade opera a graça santificante no povo de Deus para que tanto a Palavra (o Filho) quanto o Amor (o Espírito) venham a habitar neles invisivelmente. Aqui o testemunho patrístico e sua recepção em pelo menos um grande mestre da escolástica medieval, Tomás de Aquino, não apenas afirmam que o Filho era invisível na eternidade e na vida imanente de Deus, mas também que o Filho atua invisivelmente nas missões divinas e na vida do Deus trino conosco.

---

31. N. do T.: Termo usado para se referir àqueles que negam que Jesus possua a mesma (gr.: homós) essência (gr.: ousia) de Deus, mas que seria apenas semelhante (gr.: homoios) e inferior ao Pai. Esta posição é uma adaptação do Arianismo, declarado herético pelo Concílio de Niceia (325 d.C.) A doutrina homoiana foi rejeitada pelo Primeiro Concílio de Constantinopla (381 d.C.), que reafirmou o Credo Niceno neste ponto: Jesus Cristo possui a mesma essência de Deus Pai (gr.: homoousios).

32. Barnes, "The Visible Christ and the Invisible Trinity", 335 (sobre o argumento de Agostinho contra os homoianos). Essa insistência de que o Filho — mesmo após o tempo da encarnação — permanece invisível serve como um precursor doutrinário para o *extra Calvinisticum* que ficou famoso no início da cristologia reformada. Sobre as raízes católicas dessa doutrina, veja E. David Willis, *Calvin's Catholic Christology: The Function of the So-Called* Extra Calvinisticum *in Calvin's Theology*, Studies in Medieval and Reformation Thought 2 (Leiden: E. J. Brill, 1966), 29-60.

Assim, Deus como um todo se move para expressar sua glória externamente e mesmo a mais visível das pessoas — o Filho encarnado — continua a possuir o atributo da invisibilidade. Fazemos bem, então, em falar da visibilidade do Deus invisível e insistir em manter toda essa confissão. Afirmações sobre a vida interior de Deus parecem apropriadas aqui. Cirilo de Alexandria afirma que "a natureza divina vê e é vista de uma maneira que convém a Deus".[33] A glória compartilhada das três pessoas divinas convém apenas a Deus, mas esta Trindade de amor e luz compartilha da visibilidade intra-trinitária. Sem trazer criaturas para compartilhar desse conhecimento e visão naturais, o amoroso Senhor da eternidade elegeu que as criaturas participem dessa luz e sabedoria pela graça e de acordo com sua capacidade de criatura. Nossa visão de Deus não é a mesma visão que o próprio Deus tem de sim mesmo, mas é, ainda assim, notavelmente real.

À guisa de conclusão, ofereço uma sugestão para uma análise mais aprofundada. A respeito de outro atributo divino (impassibilidade), Paul Gavrilyuk ofereceu uma reflexão sobre o ensinamento de Cirilo a respeito do caráter do Deus eterno, a expressão e a experiência do sofrimento na vida do Filho encarnado e o vínculo entre os dois. Ao fazê-lo, ele argumentou que uma dialética patrística particular foi mantida nas reflexões exegéticas e dogmáticas de Cirilo, a saber, que devemos falar do sofrimento do Deus impassível (ou seja, que não sofre).[34] Em seu argumento, ele mostrou que "impassibilidade

---

33. Cyril of Alexandria, *Commentary on John*, 155 (falando sobre João 1.18).
34. Gavrilyuk, *The Suffering of the Impassible God*; veja também Paul Gavrilyuk, "God's Impassible Suffering in the Flesh: The Promise of Paradoxical Christology", em *Divine Impassibility and the Mystery of Human Suffering*, ed. James F. Keating e Thomas Joseph White (Grand Rapids: Eerdmans, 2009), 127-149. Outros paralelos podem ser encontrados com a análise histórica da teologia da ascensão de Gregório de Nissa em sua *Vida de Moisés* e *Cântico dos Cânticos* em Nathan Eubank, "Inefably Effable: The Pinnacle of Mystical Ascent in Gregory of Nyssa's *De vita Moysis*", *International Journal of Systematic Theology* 16, no. 1 (2014): 25-41.

divina é principalmente um termo metafísico, marcando a dessemelhança de Deus com tudo na ordem criada, e não um termo
psicológico que denota (como os passibilistas modernos alegam) a
apatia emocional de Deus".[35] Deus está emocionalmente envolvido
em relação ao mundo, mas estas relações são metafisicamente distintas das maneiras pelas quais as criaturas se envolvem com outras
criaturas (psicologicamente). Além disso, "a intenção das declarações
paradoxais é manter tanto a transcendência quanto a não-diminuída
divindade de Deus, em tensão com o cuidado divino pela criação e
seu envolvimento no sofrimento".[36]

O testemunho bíblico e seu desenvolvimento doutrinário na tradição católica e reformada sugerem que devemos falar da visibilidade
do Deus invisível. A invisibilidade de Deus não é meramente uma
afirmação sobre sua presença ocular, mas um marcador metafísico
que denota sua distinção ontológica de todas as coisas visíveis e
invisíveis. Não apenas isso, mas podemos ir além do ponto imediato
de Gavrilyuk. Tal marcador (esta dialética da visibilidade do Deus
invisível) aponta não apenas para a transcendência de Deus, mas para
sua triunidade e para a realidade de que Deus vê a Deus; e qualquer
outra visão é mediante uma participação graciosa e uma concessão
dessa visão a alguém que não possui essa vida em si mesmo. Deus
não é algo. Deus é visto por Deus. Que Deus possa ser visto por
qualquer ser, qualquer espécie criada, qualquer humano — isso é
milagre, e isso é graça por meio da participação. Deus é visível. Deus
permanece invisível. No evangelho, essas afirmações surpreendentes e
aparentemente paradoxais são afirmadas juntas. A hinódia o expressa
de forma mais potente:

---

35. Gavrilyuk, "God's Impassible Suffering in the Flesh", 139.
36. Gavrilyuk, "God's Impassible Suffering in the Flesh", 148.

Imortal, invisível, sábio e bom Deus
Por ora intangível, sim aos olhos meus,
Bendito, glorioso, das eras Senhor,
A ti, vitorioso, rendemos louvor.[37]

O Deus invisível permanece intangível mesmo em sua luz. O objetivo dos pares paradoxais é manter a liberdade e o amor de Deus diante de nós e, ao fazê-lo, lembrar-nos da notável promessa evangélica de que o próprio Deus que não pode ser visto se revela a nós na face de Jesus: ele é a "imagem do Deus invisível" (Cl 1.15). Portanto, teólogos reformados (como Owen e Edwards) concordaram com Gregório de Nissa que não veremos a essência divina, mas veremos Deus por meio da revelação teofânica (e especificamente cristofânica).[38] A linguagem paradoxal do invisível se fazendo visível aponta, portanto, também para a particularidade dessa manifestação em Cristo.

O silêncio da teologia protestante moderna em relação à doutrina da visão beatífica pode nos tornar suscetíveis à surdez quando se trata das palavras da promessa de Jesus de que, se o vimos, vimos seu Pai (Jo 14.9). Além disso, pode diminuir nossa compreensão da realidade

---

37. Walter Chalmers Smith, "Immortal, Invisible, God Only Wise", in *Trinity Hymnal* (Suwanee, GA: Great Commission Publications, 1990), 38. Tradução nossa.

38. Hans Boersma tem pesquisado o desenvolvimento dessa vertente de reflexão sobre Gregório de Nissa, no Oriente, até Owen e Edwards no âmbito reformado. Veja "The 'Grand Medium': An Edwardsean Modification of Thomas Aquinas on the Beatific Vision", *Modern Theology* 33, no. 2 (2016): 187-212; Hans Boersma, "Becoming Human in the Face of God: Gregory of Nyssa's Unending Search for the Beatific Vision", *International Journal of Systematic Theology* 17, no. 2 (2015): 131-51; Hans Boersma, *Seeing God: The Beatific Vision in Christian Tradition* (Grand Rapids: Eerdmans, 2018); veja também Suzanne McDonald, "Beholding the Glory of God in the Face of Jesus Christ: John Owen and the 'Reforming' of the Beatific Vision", em *The Ashgate Research Companion to John Owen's Theology*, ed. Kelly Kapic e Mark Jones (Aldershot: Ashgate, 2012); um relato contrário foi oferecido por Simon Gaine, "Thomas Aquinas and John Owen on the Beatific Vision: A Reply to Suzanne McDonald", *New Blackfriars* 97 (julho de 2016): 432-46.

profunda por trás dessa promessa, a saber, que esse Deus trino determina ser visto por aqueles que não desfrutam por conta própria da visão divina eternamente plena. "A bondade de Deus é uma bondade que comunica e se espalha [...]. Se Deus não tivesse uma bondade que comunica e se espalha, ele nunca teria criado o mundo. O Pai, o Filho e o Espírito Santo eram felizes em si mesmos e desfrutavam um do outro antes do mundo existir. Não fosse Deus se deleitando em comunicar e difundir a sua bondade, nunca haveria criação nem redenção".[39] Richard Sibbes atesta essa realidade — a plenitude trina de Deus e sua inclinação eternamente amorosa para compartilhar essa bondade com os outros — e ela pode ser relacionada diretamente à visão, pois as Escrituras nos dizem que a bondade e o florescimento são encontrados apenas na presença de Deus. "Tu me farás ver os caminhos da vida; na tua presença há plenitude de alegria, na tua destra, delícias perpetuamente" (Sl 16.11). Uma das grandes glórias do evangelho — central para sua promessa de florescimento humano mediante a concessão da plenitude da graça de Cristo — é a promessa de que o Deus invisível se torna visível para nós.

---

39. Richard Sibbes, "The Successful Seeker", em *The Works of Richard Sibbes*, vol. 6 (Edinburgh: Banner of Truth Trust, 1983), 113.

3. Mentalidade celestial
Recuperando o caminho ascético para a vida com Deus

Friedrich Nietzsche via o cristianismo como suspeito, principalmente pelo que ele considerava sua "ética escrava". Ele acreditava que uma filosofia deveria encorajar primeiro o autoempoderamento e depois também a autoexpressão; a abordagem religiosa do cristianismo, em contraste, parecia uma restrição inaceitável ao espírito moderno. A linguagem do serviço, discipulado, obediência, lei e coisas semelhantes sugeriam uma estreita conformidade e uma postura subserviente e degradada.[1] A opinião de Nietzsche tem sido amplamente influente, e nesta era o governo divino é lido como repressão humana. Em particular, os herdeiros de Nietzsche viram o foco celestial do cristianismo como uma distração, ou ópio: concentrando-nos nas coisas do alto, nos céus míticos, concordamos com nossa miserável situação terrena. O espiritual, então, preserva o *status quo* material. O etéreo sustenta injustiças e frustrações terrenas.

---

1. Friedrich Nietzsche, *Jenseits von Gut und Böse: Zur Genealogie der Moral*, Nietzsche Werke: Kritische Gesamtausgabe 6.2, ed. Giorgio Colli e Mazzino Montinari (Berlin: De Gruyter, 1968), 218-35. [Edição em português: *Genealogia da Moral*, trad. Paulo César de Souza (São Paulo: Companhia das Letras, 2009)]

A influência de Nietzsche foi ampla o suficiente para que até mesmo o público de *Cristianismo Puro e Simples* de C. S. Lewis precisasse ser abordado nessa linha.

Um olhar contínuo para o mundo eterno não é (como algumas pessoas modernas pensam) uma forma de escapismo ou desejo, mas uma das coisas que um cristão deve fazer. Isso não significa que devemos deixar o mundo atual como está. Se você ler a história, descobrirá que os cristãos que mais fizeram pelo mundo atual foram justamente aqueles que pensaram mais no próximo. Os próprios Apóstolos, que deram início à conversão do Império Romano, os grandes homens que construíram a Idade Média, os evangélicos ingleses que aboliram o tráfico de escravos, todos deixaram a sua marca na Terra, precisamente porque as suas mentes estavam ocupadas com o Céu. É a partir do momento que os cristãos deixaram de pensar no outro mundo que eles se tornaram tão ineficazes nestas coisas. Mire no céu e você terá a terra por "acréscimo": mire na terra e você não terá nenhum dos dois.[2]

O professor de Oxford sabe que as pessoas modernas se preocupam com o fato de o foco na eternidade, na verdade, equivaler a "uma forma de escapismo". Sua resposta merece nossa atenção. Não apenas ateístas como Marx, mas também o público pouco religioso de Lewis na Grã-Bretanha de meados do século XX absorveu uma boa dose das críticas de Nietzsche.

No entanto, uma abordagem cínica do céu não é necessária. Nos últimos anos, D. A. Carson apontou as orações de Paulo como um exemplo do caminho cristão. Em um conjunto de palestras agora publicadas sob o título *Praying with Paul*, Carson oferece uma exposição

---

2. C. S. Lewis, *Mere Christianity* (New York: HarperOne, 2015), 135 [edição em português: *Cristianismo Puro e Simples* (Rio de Janeiro: Thomas Nelson Brasil, 2017)].

de várias orações encontradas nas epístolas paulinas (2Ts 1.3-12; 1Ts 3.9-13; Cl 1.9-14; Fp 1.9-11; Ef 1.15-23; Rm 15.14-33).[3] Embora cada capítulo mereça atenção independente, os leitores são alertados rapidamente para um tema e ênfase comuns. Carson mostra a notável inflexão espiritual das preocupações de Paulo. Embora Paulo abordasse algumas situações muito terrenas, ele o fez com uma lente espiritual e um foco teológico, abordando realidades e necessidades espirituais mais do que preocupações ou confortos comuns. As orações de Paulo manifestam o padrão exigido por seu Senhor e nosso Salvador: "Buscai primeiro o reino de Deus e a sua justiça, e todas estas coisas vos serão acrescentadas" (Mt 6.33). Sempre que observei ou participei de conversas sobre esse tema prevalente no livro de Carson, os leitores invariavelmente sentiram que isto mina uma preocupação legítima com os assuntos terrenos (não apenas os de si próprios, mas os assuntos de seus vizinhos e, de fato, do mundo inteiro).

A teologia não apenas busca orientação ou respostas em relação às perguntas que trazemos à mesa, mas está ainda mais interessada em ver nossas próprias perguntas reformuladas pela instrução revelada de Deus. Neste capítulo, queremos mostrar como a mentalidade celestial que tanto marcou as orações de Paulo e as prioridades do reino defendidas pelo próprio Jesus podem ressignificar a maneira como consideramos o cristianismo "do lado de cá" de Nietzsche, Marx e do materialismo da era moderna. Com base no trabalho exegético dos primeiros cristãos, procuraremos mostrar algumas conexões entre os elementos do evangelho e este enfoque celestial e estas lentes espirituais. Embora tal análise sintética possa não convencer os mestres da suspeita modernos, podemos, contudo, apreciar a maneira pela qual uma inclinação celestial revigora um humanismo genuíno, em

---

3. D. A. Carson, *Praying with Paul: A Call to Spiritual Reformation*, 2a ed. (Grand Rapids: Baker Academic, 2015).

vez de levá-lo à ruína. A esse respeito, esperamos seguir as adequadas sugestões feitas por Lewis, mostrando como a mentalidade celestial é parte da própria trama e urdidura do discipulado cristão, e não um mero apêndice. Fazemos bem em recuperar a imaginação celestial para nossas vocações cristãs contemporâneas.

Preliminares

Duas questões preliminares merecem atenção. Primeiro, este capítulo foi quase intitulado "Mentalidade espiritual". Fazemos bem em dar atenção e meditar a respeito de tudo o que é espiritual. Devemos contemplar Deus em si mesmo, pois ele é a fonte de todas as bênçãos e dons em seu evangelho. Sua vida perfeita é a raiz de todo o nosso sustento, pois foi a fonte de nossa própria criação. Mas também devemos falar de "mentalidade celestial" pois a Bíblia nos chama não apenas para Deus, mas para o Deus que se voltou para nós e fez um juramento em nosso favor no evangelho. A linguagem do "céu" fala da presença especial de Deus em meio à criação, pois o céu é um reino criado, permeado e definido pela presença e pelo governo do próprio Deus. Em contraste com a terra em si, o céu representa aquele espaço e tempo por meio do qual Deus proveu e guiou. E, no entanto, o céu também pode ser contrastado com o que é puramente espiritual, pois envolve não apenas a vida divina, mas também aquela realidade eterna voltada para o reino das criaturas em graça e misericórdia. Portanto, falamos corretamente de mentalidade celestial na medida em que contemplamos não apenas o único e verdadeiro Deus da Trindade, mas também a maneira pela qual esse Deus quis livremente estar conosco em Cristo, e não separado de nós.[4]

---

4. Da mesma maneira que falar da ubiquidade de Deus flui de sua imensidão dentro da vida trina, embora estenda essa onipresença em suas obras operativas entre a ordem criada.

Em segundo lugar, temos que encarar seriamente o fato de que o foco celestial das orações de Paulo pode parecer decididamente estranho para nós em nosso mundo secular ou materialista. A era secular não é tanto uma época de ardente negação do divino, mas uma época desprovida de preocupação espiritual. Charles Taylor usou a linguagem da "moldura imanente" para retratar a lente limitada através da qual os modernos secularmente moldados imaginam o *self* e o mundo.[5] James K. A. Smith tentou destilar a análise de Taylor para observar as maneiras pelas quais mesmo aqueles que são ardentemente religiosos estão secularizados. O diagnóstico de Smith é gritante quando ele fala de um "eclipse do céu" e um foco em fins materiais e terrenos, e não espirituais ou transcendentes. Observe que, ao fazê-lo, ele não aborda males fora da igreja, ou mesmo males que marcam as igrejas revisionistas, ou os cristãos céticos ou nominais em termos eclesiásticos ou sociológicos. Em vez disso, ele diz: "Assim, até mesmo nosso teísmo se torna humanizado, imanentizado, e o *telos* da preocupação providencial de Deus é circunscrito na imanência. E isso se torna verdade até mesmo para pessoas 'ortodoxas': 'até mesmo as pessoas que mantinham crenças ortodoxas foram influenciadas por essa tendência humanizadora; frequentemente a dimensão transcendente de sua fé tornou-se menos central'. Como a eternidade é eclipsada, o mundano é amplificado

---

5. Charles Taylor, *A Secular Age* (Cambridge, MA: Belknap Press of Harvard University Press, 2007) [edição em português *Uma era secular* (São Leopoldo: Editora Unisinos, 2010)]. Os argumentos de Taylor neste enorme volume foram brevemente sugeridos na palestra "A Catholic Modernity?", em *A Catholic Modernity? Charles Taylor's Marianist Award Lecture, with responses by William Shea, Rosemary Luling Haughton, George Marsden e Jean Bethke Elshtain*, ed. James L. Heft (New York: Oxford University Press, 1999), 16.

e ameaça engolir tudo".[6] Não apenas os marxistas ou os ideólogos que seguem Nietzsche abertamente, mas também os membros obedientes escondidos nas listas de batizados precisam ouvir Lewis falar das implicações humanas do chamado à mentalidade celestial, porque a Babilônia encontrou uma maneira de moldar até mesmo a formação dos filhos de Sião.

Ética e oração são as tonalidades óbvias de tal dissonância. Enquanto o cristianismo clássico seguiu Paulo ao se concentrar no eterno e no espiritual, a estrutura imanente do secularismo moderno mudou até mesmo a prática e a oração cristãs para um foco em preocupações materiais e bênçãos terrenas. As pessoas podem adotar uma postura mais ou menos conservadora ou liberal/progressista ao abordar tais questões, sejam elas econômicas, sociais e culturais, ou, talvez, psicológicas, fisiológicas e financeiras. Na maioria das vezes, esses binários não são úteis para esclarecer os desejos, intenções e ações de homens e mulheres reais, muito menos os clamores de suas orações ao Senhor. Mas a inclinação em direção ao mundano e ao terreno, mesmo em nossos momentos mais piedosos, os momentos declarados e espontâneos de oração, transmite um sinal notável de que somos educados para estar fora de sintonia com os impulsos bíblicos do cristianismo clássico. Mesmo aqueles que foram ensinados a não abraçar o evangelho da prosperidade não estão imunes à inundação com preocupações terrenas. Se fizéssemos um inventário verdadeiro de nossas orações de ação de graças e de súplica, ou das questões e temas dominantes na investigação teológica, descobriríamos que isto é verdade. A sensação de choque quando as pessoas leem o estudo de Carson sobre as orações de Paulo destaca esse abismo poderosamente, e a análise de Taylor e de Smith ajuda a compreender a história de nossa (mal)formação cultural a esse respeito.

---

6. James K. A. Smith, *How (Not) to Be Secular: Reading Charles Taylor* (Grand Rapids: Eerdmans, 2014), 49-50 [edição em português: *Como (não) ser secular: lendo Charles Taylor* (Brasília: Monergismo, 2021)].

A GRAÇA E O DEVER DA MENTALIDADE ESPIRITUAL

Começaremos colocando nossa realidade terrena em nítido relevo, voltando-nos para um teólogo clássico cujas ênfases e cuja ordem ajudam a demonstrar a contingência de nossas fascinações contemporâneas.

Fazemos bem em extrair a ordem e a paixão do relato clássico de John Owen, intitulado "*A Graça e o Dever de se ter uma Mentalidade Espiritual*" [em tradução livre].[7] Neste texto Owen atesta o significado do espiritual e a maneira pela qual o próprio Deus que é Espírito se voltou, em graça e em sua liberdade, para nos abençoar com tudo o que ele possui em si mesmo. Ele nos encheu de sua plenitude (Ef 1.23). Porque ele nos enche, somos chamados a encontrar nosso próprio ser e todas as nossas bênçãos onde ele está, nos céus (Rm 8.6; Cl 3.1).

Owen observou "a presente importunação do mundo para se impor às mentes dos homens, e as várias formas de insinuação pelas quais ele as possui e as preenche" (263-64). Enquanto Paulo elogiou o ser de Deus como aquele de quem todos são cheios (Ef 1.23; 3.19), Owen viu um clima pelo qual o mundo insinua sua capacidade de preencher ou satisfazer. Ao falar de imposição e até de importunação, Owen fala da pressão que este mundo exerce (especialmente de forma subliminar). As reivindicações do mundo, no entanto, não se encaixam bem em como somos projetados, então as palavras de Paulo nos lembram que somente os de mente espiritual experimentam vida e paz (Rm 8.6). Owen começa falando sobre a necessidade dessa mentalidade: "Ter uma mentalidade espiritual é a grande característica que

---

7. John Owen, "The Grace and Duty of Being Spiritually Minded", em *Sin and Grace*, ed. William T. Goold, Works of John Owen 7 (Edinburgh: Banner of Truth Trust, 1965), 263-497 [edição em português do trabalho citado: Pensando Espiritualmente (São Paulo: PES, 2010)]. Referências a este trabalho a seguir são anotadas no texto por números de página entre parênteses.

distingue os verdadeiros crentes de todas as pessoas não regeneradas". De fato, "onde há uma mentalidade espiritual, ali, e somente ali, há vida e paz" (271). Seu texto traça a natureza dessa reivindicação celestial sobre nossas mentes e nossas próprias vidas.

O que significa ter uma mente espiritual? Que dever particular é transmitido por Paulo em Romanos 8.6?

> Pode-se discernir três coisas no grande dever de se ter uma mentalidade espiritual:
> 1. O exercício real da mente, em seus pensamentos, meditações e desejos, sobre coisas espirituais e celestiais;
> 2. A inclinação, disposição e estrutura da mente, em todas as suas afeições, pelas quais ela adere e se apega às coisas espirituais;
> 3. Uma complacência da mente, vinda daquele entusiasmo, prazer e sabor encontrados nas coisas espirituais, ao ver a adequação destes à sua constituição, inclinações e desejos. (270)

Owen vê os pensamentos como uma manifestação e uma modelagem dos afetos. "Os pensamentos ordinariamente voluntários são a melhor medida e indicação da estrutura de nossas mentes" (275; onde ele se baseia no Salmo 23.7). Assim, uma primeira evidência de que se tem uma mentalidade espiritual vem quando os sussurros internos de alguém são para as realidades celestiais, e quando estes ocorrem sugeridos não apenas por forças externas, mas também pela intuição pessoal. Quando alguém intuitivamente se volta para assuntos celestiais, então internaliza afeições celestiais de maneira significativa. "A segunda evidência de que nossos pensamentos de coisas espirituais procedem de uma fonte interna de luz e afetos santificados, ou que são atos ou frutos de nossa mentalidade espiritual, é que eles abundam em nós, que nossas mentes estão cheias deles". (298). Para avaliar a intuição e a extensão da mentalidade espiritual, ele sugere que o Salmo 119 pode ser usado como um cânone para o autoexame (301). Ao fazê-lo, o teólogo puritano sugere que procuremos não apenas ver pensamentos ou meditações, mas também prazeres alegres para avaliar seu calibre espiritual. Afeição, não mero pensamento, é o objetivo pelo qual a vida e a paz são desfrutadas em Cristo.

Para resumir até aqui, "As afeições espirituais, pelas quais a alma adere às coisas espirituais, absorvendo-as de tal forma e sabor que encontra descanso e satisfação, são a fonte e a substância peculiares de nossa mentalidade espiritual" (395). Não somos deixados a sós neste dever, mas Deus se compromete com nossa causa como Pai e Redentor. Owen então diz: "Vou considerar e propor alguns daqueles argumentos e motivos que Deus tem o prazer de usar para afastar nossas afeições das coisas desejáveis deste mundo" (397). Antes que a mentalidade espiritual seja um dever, ela é uma graça.

Seis facetas da beneficência divina recebem exposição.

> Primeiro, ele, em todos os tipos de casos, derramou desprezo sobre as coisas deste mundo, em comparação com as coisas espirituais e celestiais.... Em segundo lugar, Deus aumentou a vaidade dos homens encurtando a vida deles, reduzindo sua permanência neste mundo a uma estação tão curta e incerta, pois é impossível que eles tenham qualquer satisfação sólida no que desfrutam aqui embaixo... Em terceiro lugar, Deus declarou aberta e completamente o perigo que há nessas coisas, quanto ao seu desfrute e uso.... Em quarto lugar, as coisas são tão ordenadas na santa e sábia dispensação da providência de Deus, que se requer muita sabedoria espiritual para distinguir entre o uso e o abuso dessas coisas, entre um cuidado lícito com elas e um apego desordenado a elas.... Em quinto lugar, Deus faz uma proteção contra o excesso das afeições dos homens racionais e, de qualquer maneira, iluminados para as coisas deste mundo, permitindo que a generalidade dos homens carregue o uso delas e sejam levados pelo abuso delas, em atos tão imundos, tão

abomináveis, tão ridículos, que a própria razão não pode deixar de abominar.... Por fim, para encerrar este assunto e nos mostrar o que devemos esperar no caso de colocarmos nossas afeições nas coisas aqui abaixo, e elas tenham, assim, um interesse predominante em nossos corações, Deus positivamente determinou e declarou que, se assim for, ele não terá nada a ver conosco, nem aceitará aqueles afetos que fingimos poder guardar para com ele e para com as coisas espirituais. (397-410)

"Quanto ao princípio que atua neles, para que nossas afeições sejam espirituais e a fonte de nossa mentalidade espiritual, é necessário que sejam mudadas, renovadas e incrustadas com graça, espiritual e sobrenatural" (411). Expondo o ensino de Paulo de que a santificação é para "todo o Espírito, alma e corpo" (1Ts 5.23), Owen procura distinguir e assim destacar a amplitude e variedade da graça dada para nos tirar das trevas para a gloriosa luz de Deus. A graça é o princípio, de modo que a ação de Deus serve como ignição ontológica e ética. Vários verbos são empregados para falar da gravidade dessa ação divina: "mudado, renovado e embutido". E o caráter da graça incrustada é confessado ser "espiritual e sobrenatural", e Owen observa que estamos além da necessidade de mero suplemento físico ou reorientação mental. Exigimos um trabalho verdadeiramente transformador e renovador — ressurreição, veja bem — de nossos próprios afetos. É necessário um tratamento de canal até a raiz, ao invés de uma mera coroa dentária colocada no topo do *status quo* moral ou espiritual.

Esse estímulo "espiritual e sobrenatural" realmente se intromete para formar "nossos afetos" para que realmente existamos e ajamos como sujeitos humanos. Owen chama seus leitores a considerar Deus e todas as coisas em Deus. Seu relato da graça de Deus e nosso dever de ter uma mentalidade espiritual deve ser lido ao lado de seu outro texto,

Meditações sobre a glória de Cristo.[8] Uma inflexão cristológica tempera esse tratado, embora ambos os textos apontem para a meditação sobre a glória de Deus em si mesmo e a respeito de si mesmo (em sua pessoa), em suas obras (em seu… *ofício*) e a respeito de seus benefícios (em sua… *graça*). De fato, o alcance da mentalidade espiritual flui epistemologicamente de seu caráter ontológico, pois Owen em outro lugar observa que nossos benefícios são todos desfrutados por meio de contemplar a Deus: "Pois se nossa futura bem-aventurança consistir em estar onde ele está e contemplar sua glória, que melhor preparação pode haver para isso do que em uma constante contemplação anterior dessa glória na revelação que é feita no Evangelho, até chegarmos este fim, de que, por uma visão dela, possamos ser gradualmente transformados na mesma glória".[9] Ter uma mentalidade espiritual e ver o Cristo glorioso não é ser míope, mas ver todas as coisas sob uma luz transfigurada. Não é um ícone estreito, mas a disciplina de ter toda sua imaginação remodelada.

Essa visão de Owen não dominou a imaginação espiritual moderna, no entanto, pois Nietzsche parece ter tido um impacto maior mesmo entre aqueles que persistem na fé e no compromisso religioso. Para o moderno, a vida cristã não ousa ser pensada à parte dos vários emaranhados da vida humana: corporificação, etnicidade, gênero, classe econômica, ou demografia sociopolítica e educacional. Cada lente acrescenta uma moldura aparentemente esclarecedora ao modo como o trabalho teológico recente se concentrou nas questões

---

8. Owen, "Meditations and Discourses on the Glory of Christ, in His Person, Office, and Grace: With the Differences between Faith and Sight; Applied unto the Use of Them That Believe", em *The Glory of Christ*, ed. W. Gould, Works of John Owen 1 (Edinburgh: Banner of Truth Trust, 1955), 273-415 [título em português: Meditações sobre a glória de Cristo (São Paulo: PES, 2019)]. Para um esboço útil de seu relato cristologicamente flexionado sobre não apenas a meditação, mas também a visão beatífica, veja Suzanne McDonald, "Beholding the Glory of God in the Face of Jesus Christ: John Owen and the 'Reforming' of the Beatific Vision", em *The Ashgate Research Companion to John Owen's Theology*, ed. Kelly Kapic e Mark Jones (Aldershot: Ashgate, 2012), 141-58.
9. Owen, "The Glory of Christ", 274.

da práxis. Geradas por muitos impulsos, tais preocupações ajudam a provocar uma reflexão significativa e, em muitos casos, tardia sobre o lugar da graça em meio às realidades cotidianas. Shirley Guthrie apontou corretamente para a estrutura terrena da espiritualidade cristã:

> Qualquer espiritualidade, incluindo a espiritualidade supostamente cristã, que se retira do mundo para a piedade egoísta de uma vida religiosa privada é uma falsa espiritualidade que foge em vez de buscar a Deus. A verdadeira espiritualidade cristã mergulha com alegria e confiança na vida de nosso mundo sujo, pecaminoso e confuso, pois é aí que encontramos o Espírito do Deus trino que está presente e atua não para salvar as pessoas *do* mundo, mas sim *no* e *em favor do* mundo — o mundo que era, é e será o mundo de Deus.[10]

A significância de famílias, reinos e terras nas histórias do Antigo Testamento nos lembra que a presença e o poder divinos vêm em meio às vidas completas e tangíveis que vivemos e vemos ao nosso redor. Até onde a maldição é encontrada (Gn 3.14-19), também corre o escopo da redenção (veja especialmente Ezequiel 36—37).[11]

E, no entanto, devemos perguntar se um senso de prioridade e proporção teológica pode estar em perigo de se perder. Embora seja vital perceber os aspectos sociais da preocupação com o evangelho e da integridade cristã, fazemos bem em lembrar a maneira pela qual o ensino bíblico sobre o discipulado cristão realmente se desenvolve. Quanto de nossa prática religiosa e discussão teológica

---

10. Shirley Guthrie, *Always Being Reformed: Faith for a Fragmented World* (Louisville: Westminster John Knox, 1986), 86. Veja também a ênfase sobre o mundo em Janet Martin Soskice, *The Kindness of God: Metaphor, Gender, and Religious Language* (Oxford: Oxford University Press, 2007), esp. 7-35, 157-80.

11. Sobre a amplitude da esperança escatológica do Antigo Testamento, tendo Ezequiel 36—37 como lente heurística, veja Donald E. Gowan, *Eschatology in the Old Testament* (Edinburgh: T & T Clark, 1999).

continua sem exigir nada que seja especificamente cristão? Até que ponto falar de esperança, em particular, simplesmente não afirma que os cristãos também podem esperar e trabalhar para os mesmos desejos e anseios de outros, mesmo que estes sejam extraídos de um determinado programa sociopolítico ou de uma identidade etno-cultural?[12] Felizmente, a graça comum nos lembra que podemos dar as mãos aos nossos vizinhos em relação a muitos projetos cívicos, visões morais e outras preocupações. No entanto, fazemos bem em perguntar onde a luz cristã deve insistir em nomear e abordar as trevas mundanas (Jo 1.9).[13] À medida que procuramos assumir a esperança viva que temos, devemos oferecer não apenas uma teologia que se acumula onde outras já estiveram, mas uma genuína "teologia teológica" que atesta, em primeiro lugar, "o caminho, a verdade e a vida" que estão irredutivelmente ligados ao nome de

---

12. A esse respeito, veja o comentário sobre o testemunho público e intelectual de Cornel West em contraste com o de Marilynne Robinson em Alan Jacobs, "The Watchmen: What Became of the Christian Intellectuals?", *Harper's* (setembro 2016). Disponível online em: http://harpers.org/archive/2016/09/the-watchmen/.

13. Sobre a propensão comum de se criticar o dualismo joanino de luz e escuridão por causa do projeto liberal de pluralismo no reino da filosofia política e por uma resposta generativa, veja Miroslav Volf, "Johannine Dualism and Contemporary Pluralism", em *The Gospel of John and Christian Theology*, ed. Richard Bauckham e Carl Mosser (Grand Rapids: Eerdmans, 2008), 19-50; veja também Robert H. Gundry, *Jesus the Word according to John the Sectarian: A Paleofundamentalist Manifesto for Contemporary Evangelicalism, Especially Its Elites, in North America* (Grand Rapids: Eerdmans, 2002), esp. 51-70, 103-4, 108-14.

Jesus (Jo 14.6).[14] Para tanto, não devemos falar apenas de desejos terrenos, mas de uma ânsia celestial que permeia nossa esperança viva e nossa postura ética. Queremos agora esboçar o significado de recuperar a mentalidade celestial, observando, em particular, a maneira pela qual ela enquadra uma série de compromissos fundamentais para a fé e a prática cristãs.

O CÉU COMO A ESTRUTURA INTELECTUAL DA TERRA

A comparação da visão de Owen da mentalidade espiritual com as ênfases terrenas e corporificadas da teologia contemporânea choca a mente e o coração. Ao contrário das sugestões frequentemente citadas, não é porque Owen ou a tradição clássica defendem uma esperança distante ou desencarnada, mas porque a imaginação mais moderna planta nossa esperança em um solo tão raso. Essa tensão indica não apenas um tópico perdido da teologia, mas uma postura fundamentalmente diferente através da qual muitas coisas são teologicamente exploradas. Nesta seção, exploramos as maneiras pelas quais a mentalidade celestial enquadra uma série de elementos da fé e prática cristãs.

Primeiro, a mentalidade celestial nos alerta para o descanso fundamental que é encontrado apenas ao retornarmos ao próprio

---

14. John Webster, "Theological Theology", em *Confessing God: Essays in Christian Dogmatics II* (London: T & T Clark, 2005), 11-31; veja também Michael Allen, "Toward Theological Theology: Tracing the Methodological Principles of John Webster", *Themelios* 41, no. 2 (2016): 217-37; Michael Allen, "Toward Theological Anthropology: Tracing the Anthropological Principles of John Webster", *International Journal of Systematic Theology* 19, no. 1 (2017): 6-29. Uma ênfase um tanto amistosa sobre pensar teologicamente sobre a esperança e a ética condizente com uma esperança viva necessariamente levando a um foco no céu pode ser encontrada em Christopher Morse, *The Difference Heaven Makes: Rehearsing the Gospel as News* (London: T & T Clark, 2010), embora sua exposição do céu seja diferente em vários pontos.

Deus. Contra todas as formas de instrumentalismo, somos avisados que nosso desejo é ser para Deus, nem simplesmente nem primariamente pelos vários benefícios proporcionados por este Deus. Devemos estar em sintonia com as palavras surpreendentes do rei Davi: "Uma coisa peço ao Senhor, e a buscarei: que eu possa morar na Casa do Senhor todos os dias da minha vida, para contemplar a beleza do Senhor e meditar no seu templo" (Sl 27.4). Davi, é claro, fez muitos pedidos ao longo dos Salmos; mesmo dentro deste único salmo, ele também pede que Deus o ouça (v. 7) e que não o abandone (v. 9), mas também que o ensine (v. 11) e não lhe dê "à vontade dos meus adversários" (v. 12). Davi traz outras coisas diante do Senhor. Mas elas são como nada. Ele pediu uma coisa. Nada mais é enumerado quando chega a hora de priorizar. Em última análise, todas as bênçãos buscadas em oração são reduzidas ou tracejadas de volta até esse anseio fundamental de descanso em Deus, descrito em termos de habitar e ver o próprio rosto de Deus.

Irineu de Lyon fez um famoso e bem-humorado comentário de que "a glória de Deus é o homem plenamente vivo".[15] Especialmente desde meados do século XX, essa frase tem estado no centro dos movimentos no mundo católico romano como parte das reivindicações de Henri de Lubac e da *nouvelle théologie*[16], e também no mundo protestante majoritário. Ela representa um compromisso aberto com o humanismo cristão, sugerindo que Deus de fato cumpre nossas aspirações mais profundas e que a mensagem do evangelho não é fundamentalmente misantrópica. Esta palavra é fundamental. No entanto, este comentário bem-humorado frequentemente sai

---

15. Irineu de Lyon, *Contra as Heresias* 4.20.7.
16. Veja especialmente Henri de Lubac, *Catholicism: Christ and the Common Destiny of Man*, trad. Lancelot Sheppard e Elizabeth Englund (Kent: Burns & Oates Ltd.; repr. San Francisco: Ignatius, 1988).

de seu contexto, pois Irineu especificou o significado da expressão "o homem plenamente vivo", afirmando na sequência que "a vida do homem consiste em contemplar a Deus". Não se pode buscar o humanismo cristão sem o trabalho teológico meticuloso de redefinir o fim humano sob o impulso do único Deus verdadeiro, a quem fomos feitos para contemplar.

Em segundo lugar, a mentalidade celestial nos leva a traçar todo o escopo e a sequência da obra de Cristo. Na era moderna, a atenção se concentrou em grande parte na permanência encarnada do Verbo no primeiro século, seja por meio de sua afirmação ou de sua desconstrução pelos cínicos. No entanto, a tradição credal da igreja nos lembra que os arautos do evangelho testificaram a respeito de uma obra mais ampla iniciada na eternidade passada ("por nós e nossa salvação ele desceu do céu") e promovida até a própria presença de Deus ("ele subiu ao céu e está sentado à direita de Deus"). O Catecismo de Heidelberg procurou expor, por exemplo, os ângulos do evangelho revelados naquela exaltação ao céu:

> P. 49 Que benefício recebemos da ascensão de Cristo ao céu?
>
> R. Primeiro, ele é nosso Advogado na presença de seu Pai no céu. Segundo, temos nossa carne no céu como uma garantia segura de que ele, como o Cabeça, também nos levará, seus membros, para si. Terceiro, ele nos envia seu Espírito como uma garantia por cujo poder buscamos as coisas do alto, onde Cristo está sentado à direita de Deus, e não as coisas que estão na terra.[17]

---

17. "The Heidelberg Catechism [1563]", em *Reformed Confessions of the Sixteenth Century*, ed. Arthur Cochrane (Louisville: Westminster John Knox, 2003), 313. [Edições em português do documento: *O Catecismo de Heildelberg* ([s.l]:Puritanos, 2016) e *Confissão Belga e Catecismo de Heildeberg* (São Paulo: Cultura Cristã, 2019)]

Antes de pensarmos nas implicações mais amplas de buscar "as coisas do alto", devemos começar onde o texto se torna aposicional com a frase "onde Cristo está" (Cl 3.1; cf. Ef 1.20; Cl 2.12). Cristo está no céu, e Cristo age como nosso Advogado na própria presença de nosso Pai celestial. Ele é um penhor e, no devido tempo, "também nos levará, seus membros, para si". E o período intermediário entre seus adventos não é um tempo de inatividade, pois "ele nos envia seu Espírito" para atrair nossas aspirações a ele no próprio céu.

O evangelho não termina com a paixão, a ressurreição ou mesmo a ascensão do Filho encarnado. A obra vivificante do Filho continua a partir da mão direita de Deus, onde Jesus Cristo reina e governa sobre tudo. Essa sala do trono fornece o contexto exaltado para o exercício de seu ofício profético, de modo que sua palavra agora é "viva e eficaz" (Hb 4.12-13). Embora ele tenha comissionado outros a portarem a sua palavra agora, ele permanece "o grande Pastor das ovelhas" e pastoreia seu rebanho do alto (Hb 13.20). Quaisquer que sejam os méritos do estudo histórico de Jesus, como tem sido desenvolvido nos últimos três séculos, fazemos bem em notar que a segunda pessoa, o Filho, não pode ser conhecida primeiramente através de tal olhar. Ele deve ser visto como alguém que está no céu e que age com essa glória celestial.[18]

Em terceiro lugar, a mentalidade celestial se fixa não apenas em Deus e no Cristo exaltado, mas também no "reino dos céus", onde a vida divina deixa sua marca salvífica na existência da criatura. A contemplação do celestial tem um foco meditativo no Deus que cria, sustenta e leva todas as coisas ao seu fim, pois "dele, por ele e

---

18. Dietrich Ritschl, *Memory and Hope: An Inquiry about the Presence of Christ* (New York: Macmillan, 1967). Contudo, esse livro incisivo é prejudicado em seus julgamentos históricos em relação à tradição ocidental (eliminando os precursores que podem ser encontrados em Calvino, nos puritanos e na dogmática reformada clássica dos séculos XVI e XVII, ou mesmo nos últimos escritos de Karl Barth).

para ele são todas as coisas" (Rm 11.33). Por causa do tipo de ser que Deus é, não podemos fixar nossas mentes e corações nele sem, com isso, também prendê-los ao seu reino, isto é, às pessoas e lugares marcados por sua obra como senhor na criação e na recriação.

Jonathan Pennington ofereceu uma análise útil da dualidade mateana do céu e da terra, empregada com tanta frequência e singularidade naquele evangelho (por exemplo, Mt 3.2; 5.3). Ao fazê-lo, Pennington derruba a presunção dominante de que Mateus simplesmente emprega a expressão "reino dos céus" no lugar da linguagem mais típica de "reino de Deus" por um desejo piedoso de não nomear Deus abertamente (devido à sua origem judaica, conforme a explicação típica). Pennington mostra que há muito mais acontecendo com essa linguagem em particular, e acentua toda a gama de conotações implicada ao falar de "céu" e dos "seres celestiais" de forma mais ampla. Para Mateus, "céu e terra" não é apenas uma figura de linguagem ("merismo" seria o termo retórico), usando um par contrastante para indicar um todo abrangente (como pode ser em Gênesis 1.1 e em outros casos semelhantes). Em vez disso, o emparelhamento põe lado a lado o que é divino e o que é humano e pecaminoso, ainda não submetido ao reino divino. Pennington até mostra como as formas singular e plural de "céu" sinalizam tais distinções.[19] Traçando a maneira pela qual essa linguagem marca o argumento de Mateus de várias maneiras — não apenas pela maneira como ele descreve o reino, mas também pela linguagem de nosso "Pai celestial" como identificador do Deus Todo-Poderoso — Pennington procura mostrar que essa linguagem aponta para um resolução escatológica ainda em fluxo. O céu e a terra ainda não se tornaram coincidentes: embora Deus

---

19. Jonathan T. Pennington, *Heaven and Earth in the Gospel of Matthew* (Leiden: Brill, 2007; repr. Grand Rapids: Baker Academic, 2009), 342.

seja o Senhor sobre o céu agora, a terra permanece muito oposta ao seu reinado.

Esta jornada através da linguagem mateana nos lembra que o céu não é meramente uma cifra para "Deus" ou "o divino", mas se refere à presença de Deus com o reino das criaturas de uma maneira senhorial.[20] O céu, em outras palavras, abrange a maneira pela qual o tempo, o espaço e o ser da criatura podem estar com Deus. Embora a linguagem de "reino dos céus" deva ser definida pelo caráter do rei celestial que é o Pai de nosso Senhor Jesus Cristo, o "reino dos céus" não pode ser reduzido ao "rei dos céus". O reino expressa e desfruta da presença real, embora em uma chave de criatura. O céu é o lugar de Deus na terra, embora também o lugar da terra com Deus.

Em quarto lugar, a mentalidade celestial fornece um senso reorientado de *self* dentro de uma estrutura que envolve a cidadania celestial e a inscrição de alguém nesse reino eterno. Paulo pode falar de um novo *self*, contrastado tanto com a herança judaica de seu passado (Fp 3.3-8) quanto com o caminho dos pagãos ao seu redor (3.18-19). Ele se dirigirá àqueles a quem escreve como "meus irmãos" e "meus amados" (4.1), termos que provavelmente se referem não a alguma ação realizada por ele (mesmo o amor mencionado não é de Paulo, em última análise), mas à própria nomeação deles por parte de Deus, adotando e concedendo amor e favor sobre eles. Em meio a essas descrições, Paulo insiste em falar de como a nossa cidadania "está nos céus, de onde também aguardamos o Salvador, o Senhor Jesus Cristo, o qual transformará o nosso corpo de humilhação, para ser igual ao corpo da sua glória, segundo a eficácia do poder que ele tem de até subordinar a si todas as coisas" (3.20-21). A lealdade política toma uma forma celestial neste ponto, com cidadania

---

20. Sobre o uso de "céu", veja Donald Wood, "Maker of Heaven and Earth", *International Journal of Systematic Theology* 14, no. 4 (2012): esp. 393-95.

comunicando uma identificação mais elevada da qual a redenção ou salvação virá. Essa descida vindoura transformará e sujeitará a realidade às suas próprias reivindicações, que Paulo afirma da forma mais pessoal possível ("a si").

Podemos pensar que esta é uma inversão apocalíptica de um senso estabelecido de si mesmo, como se a imaginação de Paulo aqui tivesse virado a mesa em uma abordagem estável da identidade humana. Essa linguagem de salvação e transformação vinda do alto, em tal esquema, derrubaria uma definição criacional da natureza humana ou uma representação substantiva de nosso caráter de criatura. No entanto, o fim é como o começo, excedendo-o sem dúvida, mas de maneiras que se encaixam em seus próprios gestos iniciais. Não é surpresa que a cidadania do alto traga transformação e salvação de fora, pelo menos não quando falamos de pessoas que foram inicialmente moldadas à imagem de Deus (Gn 1.26-27).[21] Muitas vezes pensamos imediatamente em faculdades e características morais ao debater essa fraseologia na antropologia cristã, conectando a imagem de Deus a uma parte, relação, tarefa ou traço que se conecta mais intimamente com a Divindade. Embora a imagem tenha a ver com nossa natureza, ela primeiro recomenda uma diferença que denota nossa dependência. A diferença é esta: somos apenas uma imagem,

---

21. A ligação de criação e consumação de João Calvino, protologia e escatologia, influenciou fortemente meu relato; veja especialmente *Institutes of the Christian Religion*, ed. John T. McNeill, trad. Ford Lewis Battles, Library of Christian Classics 20 (Louisville: Westminster John Knox, 2006), II.vi.4; John Calvin, [edições em português desta obra de João Calvino: Institutas da Religião Cristã - Primeira Edição de 1536, (S. José dos Campos: Fiel, 2018); As Institutas (São Paulo: Cultura Cristã, 2019); Instituições da Religião Cristã, (São Paulo: Editora Unesp, 2008)], *Commentaries on the First Book of Moses Called Genesis*, vol. 1, trad. John King (Grand Rapids: Eerdmans, 1948), em Gn 2.9 [edição em português: Gênesis, vol 1 (Recife: CLIRE, 2018)]; e a útil análise de Julie Canlis, *Calvin's Ladder: A Spiritual Theology of Ascent and Ascension* (Grand Rapids: Eerdmans, 2010), 65.

enquanto Deus é a realidade. Para retomar a linguagem clássica de Agostinho e Pedro Lombardo, somos apenas um sinal, enquanto Deus é aquilo que é sinalizado.[22] Este é o primeiro aspecto do termo "imagem" que pode ser facilmente esquecido: uma imagem é derivada e secundária. Antes de falarmos sobre qualquer maneira pela qual a imagem indica nossa semelhança com Deus, devemos primeiro notar a dessemelhança cada vez maior transmitida nesse mesmo termo.

A natureza secundária ou subordinada da humanidade — que não somos autoexistentes, mas modelados após outro ser — leva diretamente ao modo pelo qual a natureza humana sempre dependeu da vida vinda de fora. Várias imagens atestam isso, seja uma convocação vocal à vida (Gn 1.26) ou um "sopro de vida" no pó da terra (Gn 2.7). Teólogos contemporâneos atestaram essa característica de várias maneiras, falando de nossa existência excêntrica ou da plasticidade da existência e da natureza humanas.[23] Não é de surpreender, então, que a fé ou a apropriação pessoal da dependência ontológica de Deus marque o caminho da vida humana diante de Deus em tantos pontos ao longo do enredo bíblico. Seja ao descrever o caminho do pai Abraão ou dos hebreus em luta no final do primeiro século, a fé marca o modo pelo qual a corrida deve ser realizada, porque

---

22. Para relatos clássicos da distinção entre sinais e objetos, ver Augustine, *Teaching Christianity*, ed. John E. Rotelle, trad. Edmund Hill, Works of St. Augustine I/11 (Hyde Park, NY: New City, 1996), 106-7 (I.ii.2) [edição em português da obra de Agostinho: A Doutrina Cristã (São Paulo: Paulus, 2002)]; e Peter Lombard, *The Sentences*, vol. 1, *The Mystery of the Trinity*, Mediaeval Sources in Translation 42, trad. Giulio Silano (Toronto: Pontifical Institute of Mediaeval Studies, 2007), 5-11 (dist. 1).

23. David Kelsey, *Excentric Existence: A Theological Anthropology* (Louisville: Westminster John Knox, 2009); Kathryn Tanner, *Christ the Key*, Current Issues in Theology (Cambridge: Cambridge University Press, 2009), cap. 1. Eu expressaria a plasticidade da humanidade de maneiras ligeiramente diferentes do que Tanner, distinguindo a mudança de uma transformação da natureza em si mais do que ela faz, e também oferecendo uma definição mais substantiva da natureza do que a mera plasticidade.

somente a fé abarca o chamado de alguém para ser uma imagem de seu Criador e Sustentador.

Os seres humanos sempre viveram de fôlego emprestado e encontraram sua identidade apenas acima do sol, como foi esboçado tão incisivamente pela crítica penetrante de Eclesiastes contra qualquer caminho para a autossatisfação encontrado "debaixo do sol" (por exemplo, Ec 1.9; 2.11). Assim, nos contrastes escatológicos traçados em Filipenses 3, Paulo chama nossa atenção, em última análise, para a mais alta das alturas onde nossa identidade eterna e lealdade final devem finalmente ser localizadas, a cidadania no céu. A mentalidade celestial estende nossa autoanálise antropológica ao estender nossa contemplação de nosso ser e natureza até a emergente provisão do céu e a propagação de sua glória. Bruce Marshall e Julie Canlis usaram a linguagem de uma abordagem "extrospectiva" da existência humana para transmitir a noção cristã do *self*. O ser nos foi dado por Deus e sempre temos nossa existência como dom. A mentalidade celestial, no exemplo de Paulo e outros (Fp 3.17), nos lembra de ter uma perspectiva "caelospectiva"[24] sobre o *self* também, na qual nossos corações são elevados a Deus nos céus.[25]

A humanidade não pode ser definida simplesmente por quaisquer forças externas terrenas. Enquanto muito na filosofia contemporânea pode se voltar para o que é frequentemente chamado de

---

24. N. do T.: Allen faz um jogo de palavras a partir de três abordagens para entender a existência humana e o *self*: uma abordagem "introspectiva", a partir de dentro, uma "extrospectiva", a partir de fora, e enfim uma "caelospectiva" (do latim 'caelum' ['céu']), a partir do céu.

25. Bruce D. Marshall, "Justification as Declaration and Deification", *International Journal of Systematic Theology* 4, no. 1 (2002): 16; Canlis, *Calvin's Ladder*, 146. Apesar de achar sua linguagem de "extrospecção" perspicaz, articulei em outro lugar minhas discordâncias com o argumento mais amplo desse artigo de Marshall (veja Allen, *Justification and the Gospel: Understanding the Contexts and Controversies* [Grand Rapids: Baker Academic, 2013], 49-51).

expressivismo individual,²⁶ uma tendência concomitante marca nossa cultura: devido a uma maior apreciação do impulso formativa das forças sociais e físicas em ação em nosso meio e nas histórias de todos nós, o *self* é simultaneamente atraído para uma definição determinista de acordo com as forças materiais diante das quais é uma vítima sem fim. Reinhard Hütter atesta a estranha mistura dessas forças opostas:

> E assim, depois de Kant, Fichte e Nietzsche por um lado e Marx, Darwin e Freud por outro, nos encontramos como modernos tardios, presos em uma montanha-russa maníaco-depressiva entre o devaneio prometeico de liberdade, agora trazido ao desespero e, portanto, ao sonho da autocriatividade — isto é, da possibilidade de planejar nossos corpos, de escolher nosso gênero, nossos valores e nossos destinos livremente de acordo com nossos gostos e anseios idiossincráticos — e entre o pesadelo de Hades, de vitimização sem fim pelo "sistema" — por estruturas anônimas de poder econômico, político e cultural, por nossa própria composição genética e pelo desejo por poder de todos ao nosso redor.²⁷

John Milbank e Adrian Pabst argumentaram recentemente que a teoria política liberal moderna tem silenciosamente subscrito e promovido uma visão completamente materialista do *self* e da sociedade

---

26. O expressivismo individual é mais poderosamente promovido, talvez, em Michel Foucault, *The Uses of Pleasure*, vol. 2 of *The History of Sexuality*, trad. Robert Hurley (London: Penguin, 1992), 26-28 [edição em português *Os usos do prazer*, vol. 2 de *A História da Sexualidade*, trad. Maria Thereza da Costa Albuquerque, 8a ed. (São Paulo: Paz e Terra, 2020)]. A ideia encontra uma análise brilhante em Charles Taylor, *Sources of the Self: The Making of Modern Identity* (Cambridge, MA: Harvard University Press, 1989) [edição em português *As fontes do self* (São Paulo: Loyola, 1998)].

27. Reinhard Hütter, "(Re-)Forming Freedom: Freedom's Fate in Modernity and Protestantism's Antinomian Captivity", em *Bound to Be Free: Evangelical Catholic Engagements in Ecclesiology, Ethics, and Ecumenism* (Grand Rapids: Eerdmans, 2005), 123.

como uma reunião de *selves*.[28] E é esse impulso materialista, pelo qual o *self* é definido em termos imanentes (seja o estilizar a si mesmo como no caminho de Foucault ou a formação social em seus movimentos deterministas), que é tão diretamente desafiado por um senso de *self* com mentalidade celestial.[29]

Uma estrutura celestial omite tanto as maquinações cínicas dos determinismos sociais ou materiais quanto a celebração aduladora da presunção autoformativa. A descida divina do exaltado e sua contínua provisão de dons celestiais (Ef 4.11) nos chamam a identificar a nós mesmos não em caminhos de visão meramente tangíveis, disponíveis e óbvios, mas pela fé no que é nosso nos lugares celestiais (Ef 2.6-7; Cl 3.1-5). O mesmo Deus que andou no jardim da inocência chega vitorioso a Sião no final, em ambos os casos concedendo a vida e o ser a seus filhos. Tão certo como podemos olhar para trás para nossa entrega a nós mesmos na criação, também podemos olhar para a maneira pela qual o céu retornará em maior glória no advento final de nosso Deus. A mentalidade celestial governa destas maneiras, e sem dúvida também de outras, a forma pela qual imaginamos o mundo e nosso *self* à luz do Senhor do céu e da terra. Longe de registrar-se como um mero *locus* entre outros, estar celestialmente consciente dá sabores e temperos a todo o espectro da contemplação teológica, pois isso afeta como pensamos em Deus, sua encarnação na pessoa de Jesus, seu reino vindouro e nossa própria identidade e ser nesse reino. Embora nos convoque primeiro para o reino de Deus e de Cristo, tal mentalidade realmente nos leva a um retrato vital e humano da dignidade da criatura.

---

28. John Milbank e Adrian Pabst, *Politics as Virtue: Post-Liberalism and the Human Future* (London: Rowman & Littlefield, 2016), 379.

29. Veja especialmente Craig S. Keener, *The Mind of the Spirit: Paul's Approach to Transformed Thinking* (Grand Rapids: Baker Academic, 2015), 205-51 [edição em português: *A Mente do Espírito: A visão de Paulo sobre a mente transformada* (São Paulo: Vida Nova, 2018)].

O CÉU COMO A FORMA VIVA DA TERRA

Nós temos refletido na maneira pela qual a mentalidade celestial realmente convoca-nos à integridade e à bondade humanas, extraindo-as do solo mais rico da própria vida e ação de Deus. Tal ideia, sem dúvida, vai contra as suspeitas de que uma inclinação celestial tende a ser misantrópica e teomonista, e que sofre de um déficit em relação ao ativismo sociopolítico. A mentalidade celestial não molda apenas a regra de fé pela qual conhecemos a nós mesmos e nosso mundo à luz do Rei dos Céus. Uma vida de mentalidade celestial também marca a maneira pela qual nossas vidas são ordenadas, fornecendo um modelo para a vida terrena como cidadãos de outro reino (Fp 3.20). Foi o teólogo reformado Herman Witsius que disse:

> A contemplação atenta do Senhor Jesus contribui muito. Quanto mais frequentemente um crente o contempla em espírito, mais claramente ele conhece suas perfeições, das quais sua santidade é o ornamento. Quanto mais claramente as conhece, mais ardentemente as ama. Quanto mais ardentemente ele as ama, mais parecido com elas deseja se tornar. Pois o amor aspira à semelhança do amado; não, no próprio amor já existe uma grande semelhança: pois, "Deus é amor", 1 João iv.8. Além disso, quanto mais ardentemente ele ama a Deus, tanto mais frequente, voluntária e atentamente o contempla; e, assim, muitas vezes correndo nesse ciclo de contemplação e amor que sempre retorna a si mesmo, o crente ganha a cada ato uma nova característica desta imagem mais gloriosa.[30]

A contemplação da beleza celestial do Cristo leva ao amor e à conformidade com esse mesmo Filho encarnado que é ele mesmo

---

30. Herman Witsius, *The Economy of the Covenants between God and Man* (Phillipsburg, NJ: Presbyterian & Reformed, 1990), 2:42.

verdade e bondade. Vários estudos, desde o filosófico ao exegético, traçaram a maneira pela qual nos tornamos o que amamos.³¹ Buscamos cada vez mais conformidade com o que amamos — e somos provocados mais intensamente por aquilo que amamos. Assim, a mentalidade celestial molda nossos fins morais e também nos motiva com encorajamentos celestiais.

Primeiro, a mentalidade celestial forma nosso desejo ao ajudar a ordenar nossos amores. Recomeçamos com a oração do salmista: "Uma coisa peço ao Senhor, e a buscarei: que eu possa morar na Casa do Senhor todos os dias da minha vida, para contemplar a beleza do Senhor e meditar no seu templo" (Sl 27.4). O leitor deste salmo pode ser perdoado por pensar, à primeira vista, que Davi esquece a si mesmo da maneira errada. De fato, antes que este salmo termine, ele pedirá libertação de seus adversários que lançam acusações falsas a seus pés (27.12). Todo o Saltério testemunha regularmente a preocupação com assuntos relacionais, políticos e militares, formulando pedidos de todos os tipos perante o Senhor. No entanto, aqui está o testemunho de que ele pede apenas "uma coisa", a saber, que ele esteja com Deus. As imagens da casa e do templo evocam a proximidade e o favor envolvido nesse desejo; a menção do olhar sobre a beleza de Deus e a indagação sobre ele falam da intimidade latente nessa ênfase. Esse pedido priorizado denota um desejo, uma saudade e um afeto. Seu amor é ordenado.

---

31. Veja especialmente James K. A. Smith, *You Are What You Love: The Spiritual Power of Habit* (Grand Rapids: Brazos, 2016) [edição em português *Você é aquilo que ama* (São Paulo: Vida Nova, 2017)]; e especialmente o relato filosófico mais detalhado encontrado em seu *Imagining the Kingdom: How Worship Works* (Grand Rapids: Baker Academic, 2013) [edição em português *Imaginando o reino: a dinâmica do culto* (São Paulo: Vida Nova, 2019)]; para um rastreamento exegético desses temas por todo o cânone, veja G. K. Beale, *We Become What We Worship: A Biblical Theology of Idolatry* (Downers Grove, IL: IVP Academic, 2008) [edição em português *Você se torna aquilo que adora: uma teologia bíblica da idolatria* (São Paulo: Vida Nova, 2014)].

Jeremiah Burroughs viu um foco ou ordenação semelhante revelado nas palavras finais do salmista. 2 Samuel 23.5 elogia a salvação e a aliança de Deus mesmo em face do ataque por parte de sua oposição política.[32] Ameaças terrenas podem surgir, mas a paz celestial deve ser buscada sempre. E o rei davídico posterior ensinará os seus a orar por muitas coisas (Mt 6.8-13). Embora ele venha como o pão do céu e o cálice da salvação, ele não considera um pedido de "pão de cada dia" algo indigno de seus seguidores (Mt 6.11). No entanto, como Davi, ele fala de "uma coisa" e de ordenar amores neste mesmo sermão: "Buscai primeiro o reino de Deus, e a sua justiça, e todas estas coisas vos serão acrescentadas" (6.33 ACF). O celestial não está mais próximo de Deus, diz Barth, mas Deus está mais próximo do celestial, e isso faz toda a diferença.[33] Ele estava atestando algo profundo na tradição católica e reformada, como belamente colocado por Alexander Whyte:

> As Escrituras constantemente ensinam que a única felicidade verdadeira do homem está em Deus, e que sua plena felicidade em Deus não pode ser alcançada nesta vida, mas que os crentes têm essa felicidade assegurada na vida do porvir. Comentando João 14.6, Godet diz: "Jesus aqui substitui o Pai pela casa do Pai. Pois não é no céu que devemos encontrar Deus, mas em Deus que devemos encontrar o céu".[34]

---

32. Jeremiah Burroughs, *The Rare Jewel of Christian Contentment* (Edinburgh: Banner of Truth Trust, 1964), 78-81 [edição em português: A Rara Joia do Contentamento Cristão ([s.l.]: Caridade Puritana, 2020)].

33. Karl Barth, *The Doctrine of Creation,* vol. 3 of *Church Dogmatics*, ed. G. W. Bromiley e T. F. Torrance, trad. G. W. Bromiley and R. J. Ehrlich (Edinburgh: T & T Clark, 1960), 3:422-23.

34. Alexander Whyte, *An Exposition on the Shorter Catechism* (Grand Rapids: Christian Heritage, 2004), 137.

A mentalidade celestial forma em nós o tipo certo de prioridades, em que Deus é tudo em todos (1Co 15.28).

Tal enfoque teológico é contraintuitivo e contracultural neste lado do Éden, mesmo em meio a seitas muito religiosas. "A mente torna-se insensível ao desejo celestial por causa de sua preocupação com os cuidados primários. Quando sua preocupação com as ações do mundo a endurece, ela não pode ser amolecida por aquilo que pertence ao amor de Deus".[35] O endurecimento desse tipo vem naturalmente para o pecador apaixonado por si mesmo e é impulsionado pela estrutura materialista da cultura moderna. Paulo atesta que "todos nós andamos outrora, segundo as inclinações da nossa carne, fazendo a vontade da carne e dos pensamentos" (Ef 2.3). No contexto, isso flui do que é verdadeiro "por natureza", bem como da pressão que vem das esferas demoníacas e sociais. Mas Deus nos chama a elevar nossos corações para olhar para os "lugares celestiais em Cristo Jesus", onde somos preenchidos com "a plenitude daquele que a tudo enche em todas as coisas", isto é, com "toda a plenitude de Deus" (Ef 1.23; 3.19). A mentalidade celestial molda nossos desejos por algo eterno e infinito, pela própria plenitude de Deus e nada menos. Embora possamos receber muito mais, a mentalidade celestial nos forma a pedir essa "uma coisa".

Em segundo lugar, a mentalidade celestial normatiza a postura ou maneira com que participamos de protocolos e práticas religiosas. Sarah Coakley observou a maneira pela qual os exercícios religiosos podem ser coditizados. Ela observa que o foco recente nas práticas (em oposição a meros ideais ou experiências pessoais) deve ser moldado de uma maneira particular para que não as manipulemos: "Em suma, o empreendimento da 'prática' ascética não vem

---

35. Gregory the Great, "Homily 19", in *Forty Gospel Homilies*, trad. Dom David Hurst (Kalamazoo, MI: Cistercian, 1990), 145 (sobre Lucas 10.1-7).

com efeitos instantâneos e comoditizáveis. Por mais que a noção de "prática" tenha se tornado uma tendência na filosofia e na antropologia recentes..., infelizmente, tal noção está tão sujeita à banalização ética quanto aquelas tendências filosóficas mais abstratas para as quais se destinava como corretivo".[36] As práticas não produzem resultados imediatos e gerenciáveis de tipo material e empírico.

O próprio Jesus adverte contra as abordagens objetificantes dos ritos religiosos. Ele repreende os hipócritas que oram para serem ouvidos por outros, sugerindo que "eles têm sua recompensa" e, presumivelmente, não receberão nada mais de Deus (Mt 6.5). Ele também critica aqueles que procuram sobrecarregar Deus com palavras, usando de "vãs repetições, como os gentios; porque presumem que pelo seu muito falar serão ouvidos" (6.7). Protocolos religiosos, como a oração, não servem para manipular Deus, nem servem principalmente para entregar benefícios terrenos. "O vosso Pai, sabe o de que tendes necessidade, antes que lho peçais" (6.8). A oração serve para nos unir com Deus para que a provisão de nossas necessidades (mesmo as necessidades frívolas que compartilhamos com os lírios do campo e as aves do céu; cf. 6.26, 28) ocorra de uma maneira que nos atraia nesta comunhão pactual (precisamente o que não está disponível aos lírios e aos pássaros).

Que dizer, então, das realidades, bênçãos e necessidades terrenas nesta vida para assuntos materiais? A Bíblia muitas vezes emprega benefícios terrenos como sinais do favor de Deus. Agostinho frequentemente observava com que frequência os membros da "sinagoga" percebiam erroneamente o caráter "simbólico" dessas dádivas e acreditavam que estes eram o objetivo final. O famoso bispo de Hipona pensava que poucos tinham a percepção espiritual para ver, através

---

36. Sarah Coakley, *The New Asceticism: Sexuality, Gender, and the Quest for God* (London: Bloomsbury, 2015), 101-2.

desses bens, a transposição daglória prometida no próprio Deus.[37] Uma das preocupações mais pungentes do neocalvinismo holandês tem sido a maneira pela qual Herman Bavinck e outros procuraram afirmar a escatologia não espiritualizada da Bíblia.[38] Mais recentemente, Richard Middleton procurou mostrar que essas bênçãos do Antigo Testamento deveriam fornecer um contexto necessário, hermeneuticamente falando, para a leitura de declarações posteriores do Novo Testamento sobre as bênçãos de Deus buscadas por meio de nossa aliança com ele.[39] Ao fazê-lo, Middleton captou uma ênfase chave da hermenêutica reformada e, de fato, da teologia do pacto, a saber, que lemos a Bíblia sequencialmente e permitimos que o Antigo molde nossa abordagem ao Novo. Ele foi muito além até mesmo de Bavinck ao reler a linguagem espiritual do Novo Testamento nos tons terrosos supostamente presentes no Antigo Testamento.

João Calvino acreditava que tal leitura do Antigo era massivamente problemática (como foi prefigurada, podemos dizer, nas acusações dos anabatistas de sua época). Calvino argumentou, traçando a lógica agostiniana, que enquanto muitos israelitas individuais se concentravam excessivamente nos bens terrenos como resultado da devoção religiosa ao Deus de Israel, os fiéis sempre captavam o que as Escrituras claramente revelavam: Deus transmitiu sua maior glória — sua própria plenitude compartilhada conosco — através

---

37. Veja, por exemplo, Augustine, *Expositions of the Psalms [51—72]*, Works of St. Augustine III/17, ed. John Rotelle, trad. Maria Boulding (Hyde Park, NY: New City, 2001), 475-76 (sobre o Salmo 72) [edição em português: *Comentário aos Salmos (Salmos 51-100)*, rev. trad. H. Dalbosco (São Paulo: Paulus, 1997)].

38. Veja, por exemplo, Bavinck, *Reformed Dogmatics*, ed. John Bolt, trad. John Vriend (Grand Rapids: Baker Academic, 2008), 4:720 [edição em português: *Dogmática Reformada*, ed. John Bolt, trad. Vagner Barbosa (São Paulo: Cultura Cristã, 2012)].

39. Veja especialmente J. Richard Middleton, *A New Heaven and a New Earth: Reclaiming Biblical Eschatology* (Grand Rapids: Baker Academic, 2014), 78, 95, 97, 105-7.

dessas parábolas menores do bem.[40] O reino terrestre é uma bênção suprema, mas o trono celestial é a jóia em sua coroa.

A aliança ensina que a devoção religiosa — tipificada pela observância de práticas e ritos religiosos (por exemplo, o sábado) — desencadeia uma vida que vai bem na terra (por exemplo, Êx 20.12; Dt 6.1; 12.1; 26.1; 27.2). O criador de todas as coisas não é ambivalente quanto ao florescimento destas. Mas o Israel de então e os seguidores de Jesus de agora podem e devem aprender que a terra não é o objetivo final, pois seu criador os moldou de tal maneira que bens menores, primeiro, não podem fornecer o que é, em última análise, significativo e, segundo, sequer continuarão a ser recebidos como dádivas à parte do maior dom, de significado supremo. De fato, a terra somente é uma bênção porque Deus está lá. A busca da terra por meio da devoção agrada a Deus porque inclui nosso envolvimento dependente de Deus de maneiras distintamente pessoais. Moisés sabia que outros dons menores não poderiam ser satisfatórios sem a presença prometida de Deus (Êx 33.15-16).[41] A religião nunca pode ser despersonalizada enquanto sua inclinação celestial for sempre mantida com proeminência, pois o céu vem de maneira intrinsecamente pessoal, ou simplesmente não viria.

Em terceiro lugar, a mentalidade celestial molda a maneira como confessamos o pecado e expressamos lamento diante de Deus.

---

40. Veja especialmente Calvin, *Institutes of the Christian Religion*, 1:428-57 (II.x-II.xi.8) [edições em português desta obra de João Calvino: Institutas da Religião Cristã - Primeira Edição de 1536, (S. José dos Campos: Fiel, 2018); As Institutas (São Paulo: Cultura Cristã, 2019); Instituições da Religião Cristã, (São Paulo: Editora Unesp, 2008)].

41. É instrutivo que o Êxodo não seja primariamente sobre libertação, mas fundamentalmente sobre a demonstração da supremacia de Deus acima do Faraó e do Egito, de acordo com Jon D. Levenson, "Exodus and Liberation", em *The Hebrew Bible, the Old Testament, and Historical Criticism: Jews and Christians in Biblical Studies* (Louisville: Westminster John Knox, 1993), 127-59 (onde ele observa que essa prioridade molda a faceta definitivamente espiritual da libertação no Êxodo, 147).

Podemos começar considerando como a mentalidade celestial emoldura a angustiada confissão de nosso pecado. Mais uma vez o salmista chama nossa atenção, pois suas palavras contritas no Salmo 51 revelam o remorso e a angústia de alguém que foi sacudido para uma autoconsciência sombria de sua terrível culpa (cf. 2Sm 12.1-15). "Pequei contra ti, contra ti somente, e fiz o que é mau perante os teus olhos" (Sl 51.5). O leitor sintonizado com a narrativa mais ampla pode hesitar aqui, imaginando o que seria de Bate-Seba, a quem ele estuprou (2Sm 11.3-4), de Urias, a quem ele assassinou (2Sm 11.14-17), e de Israel, a quem ele manipulou para seus próprios fins ao longo de toda esta história. Certamente houve pecado contra Deus; de fato, lemos que o que Davi fez "foi mau aos olhos do SENHOR" (2Sm 11.27). Mas podemos realmente seguir sua confissão e sua afirmação de que "pequei contra ti, contra ti somente"?

As palavras de Davi nos incitam a considerar a gravidade do pecado exatamente como elas nos convocam para a faceta central do pecado.[42] Observamos corretamente as consequências sociais do pecado em suas múltiplas formas. O pecado atinge e afeta os outros, muitas vezes em efeitos cascata que vão muito além das partes envolvidas diretamente na situação. A responsabilidade para com os cidadãos e vizinhos, filhos e pais, irmãos e amantes, desenrola-se de forma entrelaçada. De fato, podemos ir ainda mais longe e notar o impacto ecológico ou ambiental do pecado, como atestado em Gênesis 3.17 e Romanos 8.22. A amplitude do impacto do pecado e de sua influência contínua foi registrada pelo próprio Paulo. Escrevendo aos efésios, ele falou da situação destes: "estando vós mortos nos vossos delitos e pecados, nos quais andastes outrora, segundo o curso deste mundo, segundo o príncipe da potestade do ar, do espírito que agora atua nos

---

42. Para uma pesquisa útil do retrato multifacetado do pecado aqui, veja Christopher B. Ansberry, "Writings", em *T & T Clark Companion to the Doctrine of Sin*, ed. Keith L. Johnson e David Lauber (London: T & T Clark, 2016), 46-53.

filhos da desobediência; entre os quais também todos nós andamos outrora, segundo as inclinações da nossa carne, fazendo a vontade da carne e dos pensamentos; e éramos, por natureza, filhos da ira, como também os demais" (Ef 2.1-3). O pecado afeta as relações espirituais ("o príncipe da potestade do ar"), os contextos sociais ("o curso deste mundo"), os desejos mal direcionados ("as inclinações de nossa carne") e a natureza do *self* ("por natureza, filhos da ira").

Será que o objetivo da instrução bíblica a respeito do nosso problema serve apenas para nos alerta a respeito de sua amplitude, que alguns podem chamar de totalidade de nossa depravação? Enquanto as Escrituras nos alertam para sua extensa circunferência, elas também apontam novamente para aquilo que é o centro de nossos males. A meditação sobre o próprio céu nos reorienta para a parte mais prejudicada em todas as nossas transgressões. Reconhecidamente, Deus não tem lobistas, e nossas más ações contra ele não são criticadas como podem ser os delitos corporativos, as queixas familiares ou os abusos governamentais relatados nos noticiários diários. Mas a pessoa dotada de uma mentalidade celestial lembra-se que no meio de qualquer situação de luta sempre está o nosso pecado contra o Deus trino. Embora os efeitos do nosso pecado alcancem incontáveis outros, ainda assim precisamos sempre nos lembrar de lidar em primeiro lugar com nossa situação como pecadores diante do Deus santo. João Calvino ofereceu um esboço convincente dessa priorização, como Heiko Oberman habilmente resumiu: "Calvino tem a intenção de seguir a história e o vocabulário bíblicos retratando o homem criado como 'em comunhão com Deus' e o homem caído como 'alienado de Deus'… Quando a *imago Dei* se perde, isto não é uma perda de 'substância' ou 'essência', mas de orientação".[43]

---

43. Heiko Oberman, "The Pursuit of Happiness: Calvin between Humanism and Reformation", em *Humanity and Divinity in Renaissance and Reformation*, ed. John O'Malley (New York: Brill, 1993), 265-66 (citado em Canlis, *Calvin's Ladder*, 85).

Conforme observado anteriormente, porém, a mentalidade celestial também molda a maneira como experimentamos e lamentamos vários tipos de perdas. Somos incitados por inúmeras pessoas a observar as maneiras pelas quais lutamos. O analista de mercado ou o corretor relata o registro diário da queda dos preços das ações. O médico pede que nos sentemos para nos atualizar sobre o bem-estar (ou a falta dele) do corpo após a bateria de laboratórios, testes e exames físicos. Somos treinados nestas e em outras esferas para observar lutas e frustrações. A Bíblia vai ainda mais longe, no entanto, para nos ensinar a realmente lamentar a perda, levando-a diante de Deus. Fazer isto envolve não apenas confessar ao próprio Deus a nossa perda de outras coisas, embora esta seja uma faceta significativa do lamento cristão. Mais importante, envolve a convocação para nomear nossa tristeza pela perda ou pela falta de comunhão espiritual e bem-aventurança celestial por estarmos distantes do favor de Deus. Mais uma vez, encontramos o salmista a nos ensinar a levar as lutas do dia — até mesmo a ameaça tangível do inimigo (Sl 13.2, 4) — diante de Deus, embora amarrando-a à sua questão mais fundamental: "Até quando ocultarás de mim o rosto?" (13.1).

A tristeza e o lamento expressam fé e deleite em Deus.[44] A frustração vem naturalmente, mas um sentimento genuíno de angústia pela perda requer que tenhamos experimentado as boas dádivas de Deus e uma consciência crescente de nossa necessidade delas. Contudo, tal tristeza deve corresponder ao grau do bem faltante ou então faremos tempestades em copo d'água e não perceberemos as situações de miséria verdadeiramente dolorosas. Desta forma, podemos ver como Jesus foi denominado o "homem de dores" na medida em que ele

---

44. Sobre o lamento como uma prática de fé, veja J. Todd Billings, *Rejoicing in Lament: Wrestling with Incurable Cancer and Life in Christ* (Grand Rapids: Brazos, 2015), esp. 35-54.

conhecia unicamente a severidade de passar daquela comunhão mais íntima com o Pai para o ignominioso abandono por Deus na cruz, quando Jesus clamou as palavras do salmista: "Meu Deus, meu Deus, por que me abandonaste?" (Mc 15.34; veja também Sl 22.1).[45] Precisamente devido a seu impressionante nível de comunhão de amor com o Pai e por ter sempre conhecido perfeitamente o prazer divino, Jesus pôde assinalar a ausência destes em uma linguagem mais excruciante do que qualquer outro lamento. Ao olharmos para aquele sorriso divino que é e será nosso em Cristo, também podemos aprender a lamentar e confessar com maior vigor e em um estilo de *blues* apropriadamente profundo.

Em quarto lugar, a mentalidade celestial direciona a extensão e o modo com os quais buscamos e recebemos bens terrenos de todos os tipos. A Bíblia não afasta ninguém do reconhecimento dos bens pertencentes às criaturas. A repetida aprovação do próprio Deus se repete ao longo do primeiro relato da criação (Gn 1.3, 10, 12, 18, 21, 25), sinalizando o que será declarado explicitamente no capítulo seguinte: "De toda árvore do jardim comerás livremente", exceto da "árvore do conhecimento do bem e do mal" (Gn 2.16-17). Deus nomeia a realidade criada — o sol e a lua no céu e os frutos da terra — como bens criados no início e convoca os seres humanos a partilharem destes.

Tal convite para desfrutar dos bens criados por Deus não é apenas um aspecto de nosso começo, mas também de nosso fim pretendido, pois confessamos: "Creio na ressurreição do corpo". E descobrimos que nossa própria ressurreição antecipada corresponde à bondade criada e encarnada daquilo que marcou nosso Salvador encarnado

---

45. Veja Kelly Kapic, "Psalm 22: Forsakenness and the God Who Sings", em *Theological Commentary: Evangelical Essays*, ed. Michael Allen (London: T & T Clark, 2011), 41-56; veja argumentos mais elaborados em Kelly Kapic, *Embodied Hope: A Theological Meditation on Pain and Suffering* (Downers Grove, IL: IVP Academic, 2017).

e glorificado (1Co 15.48-49). Jesus comunica ou torna comuns as bênçãos que recebe de seu Pai celestial àqueles que estão unidos a ele pela fé — esta é a mensagem do evangelho (veja, por exemplo, Lc 24.47; At 5.31). A Bíblia aponta para muitas dessas bênçãos, sendo a comunhão com Deus a mais elevada e fundamental. O credo nos lembra, no entanto, que existem outras facetas cruciais para a magnífica beneficência da obra de Cristo. O mesmo corpo glorificado agora desfrutado por nosso Senhor encarnado e ressurreto será nosso, pois ele é as primícias dessa ressurreição (por exemplo, Rm 6.5; 1Co 15.49).

Ao chamar nossa atenção para o benefício corporal da obra redentora de Cristo, o credo sinaliza uma realidade mais ampla: a universalidade ou totalidade da obra reconciliadora e restauradora de Jesus Cristo. Embora a Bíblia não apresente um universalismo pelo qual todas as pessoas sejam reunidas com seu Deus (contra o que veja as palavras de Jesus em Jo 5.29 e em outros lugares), a Bíblia retrata um universalismo pelo qual todas as coisas são reconciliadas com Deus e os remidos são plenamente restaurados e renovados nele (veja especialmente Cl 1.15-20 com sua repetição das palavras de "tudo" e "toda(s)"). Em outras palavras, o povo de Deus não é salvo sendo sugado através de uma peneira de onde sobra apenas a porção essencial ou a mais espiritual, seja um intelecto ou uma alma. Muito pelo contrário, o retrato bíblico envolve a notável afirmação de que Cristo Jesus veio para reconciliar todas as coisas e renovar todas as facetas da existência humana. Os remidos são, de fato, restaurados por inteiro, pois o Salvador diz: "Eis que faço novas todas as coisas" (Ap 21.5).

Como podemos pensar sobre essa nova realidade de mundo e de corpo? Aqui devemos sugerir que é preciso humildade intelectual, e podemos ver essa necessidade primeiramente na maneira como o corpo ressuscitado e glorificado é descrito. A humildade é exigida de nós pois os retratos da glória corporal envolvem não apenas realidades mundanas ou comuns, mas também uma luminosidade incompreensível ou mesmo estranha. O Jesus glorificado carrega suas feridas anteriores (de tal forma que ele pode convidar Tomé a tocá-las; cf. Jo 20.27; Lc 24.38-40), e ele até come dos peixes do mar (Lc 24.41-43). No entanto, o Cristo glorificado aparece de repente nos quartos, aparentemente sem passar por nenhuma porta; seus atos de desaparecimento (como evidente anteriormente em Jo 20.19 e Lc 24.36-37) são igualmente rápidos e misteriosos. E enquanto suas feridas são reconhecíveis, dois de seus discípulos não o identificam durante um longo passeio, finalmente percebendo sua identidade quando ele parte o pão com eles (Lc 24.13-31). Essa mistura de realismo corporal e mistério glorioso foi prefigurada, até certo ponto, no relato da transfiguração (Mt 17.1-8). Ali Jesus era identificável em forma corpórea, diferenciado, por exemplo, de Moisés e Elias. E, no entanto, a maneira como ele e suas roupas irradiavam a luz de Deus certamente excedeu os limites da expressão verbal na medida em que os espectadores acabaram de joelhos e precisando ouvir: "Não temais!" (Mt 17.7). Esse emparelhamento do mundano e ordinário com o estranho e glorioso deve incitar reticência contra uma especulação excessiva e a humildade para admitir que a glória escatológica do corpo excede nossa capacidade explicativa de agora.

Devemos dar um passo adiante, porém, e perceber que a graça não envolve meramente a restauração do natural, como se a novidade envolvesse uma simples renovação de algo usado. Cantamos corretamente a graça que é maior que todos os nossos pecados, mas fazemos bem em lembrar que a glória é muito maior do que a destruição das consequências deletérias do pecado. A graça traz a pessoa para a glória, que é em si mesma um degrau acima da inocência do Éden. Para pensar bem sobre aquilo que é bom na realidade terrena, devemos não apenas apreciar sua integridade metafísica, mas também sua relatividade espiritual diante da bondade ampliada à qual o Criador nos convoca.

Paulo elogia essa escalada em seus escritos aos coríntios "Também há corpos celestiais e corpos terrestres; e, sem dúvida, uma é a glória dos celestiais, e outra, a dos terrestres" (1Co 15.40). Paulo começa aqui com um princípio a respeito de toda a realidade da criatura, que ele rapidamente comparará aos vários graus de iluminação celestial que são evidentes aos olhos, "porque até entre estrela e estrela há diferenças de esplendor" (15.41). Mas ele então focaliza ainda mais na glória escatológica: "Assim também é a ressurreição dos mortos" (15.42). Uma série de contrastes destaca a glória ainda maior do que é levantado em comparação com o que é semeado. O que é semeado é perecível; o que é elevado é imperecível. É semeado em desonra; é ressuscitado em glória. É semeado na fraqueza; é elevado no poder. É semeado um corpo natural; é ressuscitado um corpo espiritual. Se existe um corpo natural, também existe um corpo espiritual (15.43-44). Os contrastes variam em sua clareza, e certamente pode-se argumentar que pelo menos alguns deles parecem justapor o estado caído com o estado redimido (por exemplo, "desonra" em contraste com "glória"). No entanto, o emparelhamento final, para o qual a linguagem parece estar escalando, combina "natural" e "espiritual", em vez de "pecaminoso" ou "carnal" (no sentido paulino), em contraste com "espiritual" ou "santo". Paulo parece estar sugerindo que a glória escatológica excede até mesmo a pureza protológica da existência edênica.

A glória supera até a inocência. A mudança de Paulo para um argumento mediante uma citação parece confirmar este movimento: "Pois assim está escrito: 'O primeiro homem, Adão, foi feito alma vivente'" (15.45). Ele descompacta o movimento dessa "primeira" experiência de vida para atestar ainda mais graças: "O que vem primeiro não é o espiritual, e sim o natural; depois vem o espiritual. O primeiro homem, formado do pó da terra, é terreno; o segundo homem é do céu" (15.45-47, NAA). Richard Gaffin demonstrou como esse argumento intratextual mostra que o celestial supera o terreno, na medida em que o "espiritual" supera o "natural".[46]

O que significa o celestial exceder o terreno? Talvez nenhuma área de interesse bíblico demonstre tanto esse relacionamento como a do casamento. Lembre-se de que Jesus nos diz que um dos pilares chave da sociedade hoje estará ausente dessa grande bem-aventurança, pois os humanos não se entregarão como marido e mulher (Mt 22.29-30). Interpretando essa declaração sagaz (parte de sua polêmica contra os saduceus [Mt 22.23-33]) canonicamente, vemos que o casamento não termina na eternidade. Pelo contrário, o casamento é aperfeiçoado, na medida em que o grande casamento do Cordeiro e sua noiva é celebrado ali (Ap 21.9). A comunhão e a unidade simbolizadas tão poderosamente no casamento terreno de um homem e uma mulher (Ef 5.25-33, esp. v. 32) não precisam mais ocorrer porque seu cumprimento tipológico foi plena e finalmente realizado através da definitiva identificação, união, comunhão e associação pactual de Cristo e sua igreja.

A perfeição do casamento serve como um estímulo intelectual para pensar sobre as facetas sociais de nossa esperança escatológica de forma mais ampla. Por um lado, vemos o propósito mais profundo do casamento aperfeiçoado pela comunhão humana sendo transposto para a comunhão pactual divina-humana e por sua presença

---

46. Richard B. Gaffin Jr., *Resurrection and Redemption: A Study in Paul's Soteriology*, 2a ed. (Phillipsburg, NJ: Presbyterian & Reformed, 1987), 78-91; Veja também Benjamin Gladd, "The Last Adam as the 'Life-Giving Spirit' Revisited: A Possible OT Background of One of Paul's Most Perplexing Phrases", *Westminster Theological Journal* 71 (2009): 297-309.

íntima. Assim, nosso compromisso atual com o casamento é íntegro e merece nossa preocupação e compromisso precisamente porque prepara para seu aperfeiçoamento na eternidade vindoura. Por outro lado, o casamento não existirá mais em sua forma social atual. Não será mais marcado pela atividade sexual, pela procriação como um fim associado, e assim por diante. Se a perfeição do casamento envolve mudanças tão radicais em sua realidade, devemos ser humildes em nossas expectativas sobre como outras realidades sociais podem ser nessa nova criação futura.

À luz desses exemplos — a natureza corpórea da glória humana (como vista em Jesus) ou a natureza social da glória humana (como predita em relação ao casamento por Jesus) — fazemos bem em manter nossos olhos em princípios teológicos mais amplos. Nossa preocupação em manter as primeiras coisas em primeiro lugar não precisa e não deve minar nosso compromisso simultâneo de estar alerta para outras facetas do ensino canônico.[47] Ênfases e prioridades não podem excluir a consciência da amplitude do ensino das Escrituras. Nesse caso, entender o centro de nossa esperança como comunhão com Deus em Cristo (tão poderosamente tipificado por essa doutrina da visão beatífica) não deve nos levar a descartar ou rebaixar o aspecto terreno de nossa esperança, que envolve uma ressurreição corporal e uma nova criação em sua totalidade holística. Dito isso, o fato de outros aspectos dessa ampla visão escatológica não estarem no centro, mas nas margens, deve levar a uma maior apreciação dos limites epistemológicos de nossa compreensão de sua natureza. Sem prejudicar a integridade dos corpos, das sociedades,

---

47. Aqui podemos notar que a ênfase de Donald Gowan sobre a amplitude da esperança escatológica de Israel deixa de notar seu centro na comunhão com Deus; a nova amplitude criacional não deve ser estreitada ou diminuída, embora deva circundar o ponto focal da habitação de Deus e nunca existir à parte desse núcleo teocêntrico (cf. *Eschatology in the Old Testament*).

do lugar e de outras criaturas não humanas, devemos lembrar que há limites para nossa compreensão de sua forma final. Semelhantemente a outras doutrinas, e talvez ainda mais do que elas, a escatologia deve ser buscada pela fé e pela fé somente.

A esperança moldará o comportamento. Esse senso escatológico e crescente da maior glória do casamento com Deus em Cristo ajuda a reformular nossa experiência tanto do casamento nesta vida quanto do caminho do celibato. Sarah Coakley aponta para uma preocupação unida nessas duas vocações, observando que "a ordenação divina do desejo é o que *une* os objetivos ascéticos do casamento e do celibato quando em sua melhor forma, e, igualmente, é o que julga ambos quando em seu pior estado".[48] Se tal "união" parece estranha ou mesmo forçada a princípio, é possível ver como Coakley elabora essa conexão, conforme ela demonstra que "o celibatário reflexivo e fiel, e a pessoa casada reflexiva e fiel podem ter mais em comum — por meio da entrega a Deus em oração de seu inevitavelmente frustrado desejo — do que o celibatário irrefletido ou sem fé, ou a pessoa casada descuidadamente feliz, ou mesmo a pessoa casada infeliz e descuidada".[49] A bem-aventurança conjugal é um bem criado (Gn 2.18-25), embora mesmo seu abraço "reflexivo e fiel" prove ser menor do que a maior glória da comunhão celestial com o Deus revelado em Cristo.

Muitas vezes, a ansiedade em relação ao declínio da fidelidade sexual levou a um foco na família quando, biblicamente, o foco certamente aponta para o fato de que, casado ou não, o corpo pertence ao Senhor (1Co 6.13). O grau em que a mentalidade celestial foi extirpada da imaginação teológica protestante pode ser medido pela temeridade com que lemos as palavras de Paulo a respeito da

---

48. Coakley, *The New Asceticism*, 30 (itálicos no original).
49. Coakley, *The New Asceticism*, 39.

superioridade do chamado ao celibato em 1 Coríntios 7.1-16.⁵⁰ A mentalidade celestial ajuda-nos a estarmos alertas para a escatologia subjacente que levou Paulo a falar do bem maior do celibato intencional nesta vida, algo que Coakley chama de "celibato reflexivo e fiel". Ao refletir sobre a obra *On Virginity [Sobre a Virgindade, em tradução livre]*, de Gregório de Nissa, Coakley observa uma questão específica: "Gregório elogia a 'virgindade' *não* por sua assexualidade, mas por seu afastamento dos interesses *mundanos* — a construção de famílias, de status e de honra — e, portanto, sua emulação da vida imutável da Trindade. O problema não é o sexo, mas os valores mundanos".⁵¹

Nossa subida pretendida ao próprio céu produz já agora um contentamento voluntário na abundância e na escassez (Fp 4.11; 2Co 9.8). De fato, ela provoca uma reordenação dos amores, de modo que os bens menores sejam menos amados do que os bens maiores e, invariavelmente, sacrificados por causa desses bens maiores. O ascetismo cristão flui de um enquadramento escatológico da vida entre o céu e a terra, em vez de partir de alguma animosidade metafísica em relação ao corpo ou criatura. João Calvino sugeriu que a motivação para a autonegação e qualquer disciplina ascética deve ser sempre por meio de um maior desejo escatológico, pois "a única

---

50. Fui auxiliado em minha leitura de 1 Coríntios 5—7 por Alistair May, *The Body for the Lord: Sex and Identity in 1 Corinthians 5—7*, Library of New Testament Studies (London: T & T Clark, 2004).

51. Coakley, *The New Asceticism*, 50 (itálicos no original), refletindo sobre Gregório de Nissa, "On Virginity", em *Ascetical Works*, trad. Virginia Woods Callahan, Fathers of the Church 58 (Washington, DC: Catholic University of America Press, 1967), 3-75. Reconheço que a leitura de Nyssa por Coakley de forma mais ampla em relação ao gênero pode ser tendenciosa em alguns pontos; para uma análise mais historicamente útil deste texto em particular, veja também Hans Boersma, *Embodiment and Virtue in Gregory of Nyssa: An Anagogical Approach*, Oxford Early Christian Studies (New York: Oxford University Press, 2012), 117-27. Tal desacordo historiográfico mais amplo não prejudica ou minimiza a significância do ponto específico aqui destacado por Coakley.

maneira de promover o progresso correto no Evangelho é ser atraído pela doce fragrância de Cristo para que o desejemos o suficiente para nos despedirmos das tentações do mundo".[52]

Isso significa abdicação de preocupações terrenas? Não, pois relativização não é igual a renúncia total.[53] O mesmo Orígenes de Alexandria que disse: "Além disso, quem pede a Deus assuntos mundanos e menores está desrespeitando aquele que nos manda pedir o que é celestial e grande do Deus que não sabe dar nada mundano ou menor", também disse: "Devemos orar então, pelos dons principais, por aqueles que são verdadeiramente grandes e celestiais, e a questão das sombras que acompanham esses dons principais deve ser deixada a Deus, que sabe do que precisamos para o nosso corpo perecível 'antes de lhe pedirmos' (Mt 6.8)".[54] No entanto, deixar esses assuntos para Deus não significa perder a voz, como atestam o salmista e a oração do Pai Nosso ("dá-nos hoje"). O mesmo Deus que fornece o pão do céu e o cálice da salvação nos convoca a pedir o pão de cada dia. Mas ele nos promete dificuldades e nos chama a fielmente encontrarmos contentamento somente nele.

---

52. Veja John Calvin, *The Second Epistle of Paul to the Corinthians and the Epistles to Timothy, Titus, and Philemon*, ed. David W. Torrance e Thomas F. Torrance, trad. T. A. Smail, Calvin's New Testament Commentaries (Grand Rapids: Eerdmans, 1964), 34 (sobre 2Co 2.14) [edição em português do comentário de 2 Coríntios: *2 Coríntios*, ed. Tiago J. Santos Filho, trad. Valter Graciano Martins (S. José dos Campos: Fiel, 2016)]. Infelizmente, o relato de Canlis sobre subida e ascensão em Calvino emprega o termo "ascetismo" apenas de maneira pejorativa (*Calvin's Ladder*, 247, 249).

53. Para uma avaliação mais sutil do tipo de renúncia defendido por Calvino, em sintonia não apenas com a doutrina reformacional da graça encontrada em Lutero, mas também (muito mais amplamente) com a abordagem do discipulado enraizada em fontes católicas anteriores, veja David Fink, "Un-Reading Renunciation: Luther, Calvin, and the 'Rich Young Ruler'", *Modern Theology* 32, no. 4 (2016): 569-93.

54. Origen, "On Prayer", em *Tertullian, Cyprian, and Origen, On the Lord's Prayer*, trad. Alistair Stewart-Sykes (Crestwood, NY: St. Vladimir's Seminary Press, 2004), 16.1 (p. 149) e 17.2 (p. 152).

Pelo menos destas quatro maneiras a mentalidade celestial molda nossa experiência vivida aqui nesta época terrena, na qual viajamos pelo "reino da terra" a caminho da conquista globalizada e final do "reino dos céus". Um foco particular sobre Deus, o *self* e o mundo neste registro celestial, junto com o que poderíamos chamar de intensidade escatológica, provoca uma série de inflexões sobre a maneira pela qual amamos e recebemos amor.

ORDENANDO OS AMORES COM AGOSTINHO

Por que a mentalidade celestial tem implicações tão amplas? Para entender o significado e o escopo deste enfoque, devemos considerar sua relação com o chamado cristão ao amor, que é central para a vida evocada pelo evangelho. Agostinho serve como um alerta útil para explorar esta conexão. A regra da fé e a regra do amor moldam a leitura cristã da Sagrada Escritura e têm feito isto desde a época do famoso bispo de Hipona. Agostinho ofereceu uma série de princípios sobre como recebemos a instrução dos profetas e apóstolos para nosso benefício, o principal deles sendo o constante coral para avaliarmos se uma instrução cristã específica promove ou não estas duas regras.[55] Ao fazê-lo, ele procurou nos ajudar a ler a Bíblia para Deus e, inversamente, ler a Bíblia sem cair na idolatria.

A mentalidade celestial serve como um programa constante de "protocolos contra a idolatria".[56] Esses protocolos existem por um bom motivo. O reformador do século XVI, João Calvino,

---

55. Augustine, *On Christian Teaching*, trad. R. P. H. Green (Oxford: Oxford University Press, 1997), 27 (I.86-88) [edição em português da obra de Agostinho: *A Doutrina Cristã* (São Paulo: Paulus, 2002)].

56. Nicholas Lash, *The Beginning and End of "Religion"* (Cambridge: Cambridge University Press, 1996), 194.

notoriamente referiu-se aos nossos corações como fábricas de ídolos.[57] Nos últimos anos, o teólogo do Antigo Testamento Walter Brueggemann observou que "a questão característica para o povo de Deus é 'o Deus errado' e não 'nenhum Deus'".[58] Tais reviravoltas malfadadas parecem surgir vez após vez, em testamentos antigos e novos, e por isso não é surpreendente ver que os apóstolos devem enfrentar a idolatria seriamente, bem como os profetas do passado. Moshe Halbertal e Avishai Margalit argumentam: "O princípio teológico central da Bíblia [é] a rejeição da idolatria".[59] A Bíblia começa relativizando as grandes luzes como entidades convocadas a existir pelo único Deus verdadeiro (Gn 1.1—2.4) e termina nos lembrando que mesmo a hoste angelical não pode receber a adoração devida apenas àquele Senhor (Ap 21.8-9). A Palavra de Deus nos chama para longe dos falsos objetos de amor e adoração e de volta ao rei celestial.

Do começo ao fim, não apenas nas Escrituras, mas em cada uma de nossas vidas, precisamos lembrar quem é de maior importância. Pode ser útil recorrer agora a alguns recursos doutrinários que foram empregados na tradição para afastar a idolatria. Abordamos os perigos das tendências da teologia reformada moderna que denominamos naturalismo escatológico, uma inclinação para a elevação do terreno,

---

57. Calvin, *Institutes of the Christian Religion*, 108 (I.xi.8) [edições em português desta obra de João Calvino: *Institutas da Religião Cristã - Primeira Edição de 1536*, (S. José dos Campos: Fiel, 2018); *As Institutas* (São Paulo: Cultura Cristã, 2019); *Instituições da Religião Cristã*, (São Paulo: Editora Unesp, 2008)]. Calvino fez comentários semelhantes em seu material exegético, por exemplo, John Calvin, *Commentaries on the Prophet Ezekiel*, vol. 1, trad. Thomas Myers, Calvin's Commentaries (Grand Rapids: Eerdmans, 1948), 80 (sobre Ez 1.13); Calvin, *The Second Epistle of Paul to the Corinthians*, 141 (sobre 2Co 11.3) [edição em português do comentário de 2 Coríntios: *2 Coríntios*, ed. Tiago J. Santos Filho, trad. Valter Graciano Martins (S. José dos Campos: Fiel, 2016)].

58. Walter Brueggemann, "Foreword", *Journal of Preachers* 26 (Easter 2003): 1.

59. Moshe Halbertal e Avishai Margalit, *Idolatry*, trad. Naomi Goldblum (Cambridge, MA: Harvard University Press, 1992), 10.

corporificado e material como algo de significado último. Talvez seja apropriado, então, retornar ao próprio Agostinho, detendo-nos sobre as maneiras pelas quais ele alertou contra qualquer superinflação do significado da criatura e nos convocou para uma devoção singular ao único Deus verdadeiro.

Primeiro, Agostinho falou de uso (*uti*) e prazer (*frui*) em sua obra *A Doutrina Cristã*. Ele argumentou que somente Deus deveria ser desfrutado e outros seres ou coisas deveriam ser usados. "O desfrute, afinal, consiste em apegar-nos amorosamente a algo por si próprio, enquanto o uso consiste em apontar aquilo que passa em nosso caminho para aquilo que nosso amor visa obter, contanto, isto é, que este objeto mereça ser amado"[60] Ele não estava defendendo a objetificação ou a comoditização de pessoas, como se nossos semelhantes fossem apenas meros instrumentos relacionais. Mas ele sugeriu que todas as outras realidades da criatura são uma espécie de instrumento, na medida em que são metafisicamente derivados e, portanto, nunca relacional ou moralmente definitivos.[61] Em outras palavras, a distinção foi feita para afastar a idolatria em nossos esforços de nos relacionarmos uns com os outros. Eventualmente, porém, Agostinho achou sua linguagem deselegante e pouco útil, pois empregava um termo bastante grosseiro ("uso") que não transmite de maneira direta ou óbvia o chamado ao amor ou mesmo à interação pessoal.

Em segundo lugar, quando Agostinho percebeu a natureza potencialmente enganosa da distinção formulada naquele texto, ele

---

60. Augustine, *Teaching Christianity*, Works of St. Augustine I/11, ed. John E. Rotelle, trad. Mario Naldini et al. (Hyde Park, NY: New City, 1996), 107-8 (I.4.4); cf. 22.20-21[edição em português da obra de Agostinho: A Doutrina Cristã (São Paulo: Paulus, 2002)].

61. Agostinho até mesmo se refere às pessoas trinas como "as coisas, portanto, que devem ser desfrutadas", sugerindo uma facilidade com linguagem objetivante ou menos do que obviamente pessoal ao longo da discussão e não apenas em relação ao elemento humano ou de criatura a ser "usado" (108 [I.5.5]).

modificou a distinção em formas menos enganosas para falar de um amor "por si próprio" em oposição ao amor "por Deus".[62] Este movimento posterior foi bem-sucedido em, sempre e em todos os lugares, falar de relações pessoais e amorosas, tanto para o alto em direção a Deus, quanto para fora em direção ao próximo e até aos inimigos no plano humano. Mas esse movimento continuou a diferenciar entre o último e o penúltimo em um esforço para ajudar a estimular a adoração sincera a Deus. Refletindo sobre as palavras do Salmo 73.25 — "Quem mais tenho eu no céu? Não há outro em quem eu me compraza na terra" — Agostinho disse: "*Ele é o Deus do meu coração, e Deus é minha porção para a eternidade*. Seu coração se tornou casto, pois agora Deus é amado desinteressadamente: o salmista não pede outra recompensa a Deus, exceto o próprio Deus".[63]

Talvez nenhuma lição extraída de Agostinho corresponda à permanente significância de ordenarmos nossos amores.[64] De fato, todos os outros princípios teológicos, de uma forma ou de outra, podem remontar a esta preocupação fundamental, que está enraizada na

---

62. Veja Augustine, *De catechizandis rudibus*. 7.11.

63. Augustine, "Exposition of Psalm 72", em *Expositions of the Psalms, 51—72*, Works of Saint Augustine III/17, ed. John E. Rotelle, trad. Maria Boulding (Hyde Park, NY: New City, 2001), 491 (XXXII). Para um julgamento exegeticamente paralelo sobre o significado da visão de Deus, veja Grant D. Bayliss, *The Vision of Didymus the Blind: A Fourth-Century Virtue Origenism* (New York: Oxford University Press, 2016), 155n80 (sobre Didymus the Blind, *Commentary on Zechariah*, 2.219.10-15 [3.137]).

64. Relatos incisivos da ordenação de amores em Agostinho podem ser encontrados em Oliver O'Donovan, *The Problem of Self-Love in St. Augustine* (New Haven: Yale University Press, 1980; repr. Eugene, OR: Wipf & Stock, 2006); Charles Mathewes, *A Theology of Public Life*, Cambridge Studies in Christian Doctrine (Cambridge: Cambridge University Press, 2007), onde Mathewes compara a visão escatológica de Agostinho com alegações mais recentes de desenvolver uma imaginação supostamente apocalíptica; Charles Mathewes, *The Republic of Grace: Augustinian Thoughts for Dark Times* (Grand Rapids: Eerdmans, 2010), esp. 220-36. Ainda há muito trabalho a ser feito, estendendo o trabalho de O'Donovan e Mathewes sobre a maneira pela qual a ordenação agostiniana dos amores opera nos diferentes aspectos da teologia cristã.

máxima de Jesus: "Amarás o Senhor, teu Deus, de todo o teu coração, de toda a tua alma e de todo o teu entendimento. Este é o grande e primeiro mandamento. O segundo, semelhante a este, é: Amarás o teu próximo como a ti mesmo. Destes dois mandamentos dependem toda a Lei e os Profetas" (Mt 22.37-40; ver também Mc 12.28-33). A mentalidade celestial fixa nossas mentes e corações na dupla natureza desse chamado ao amor ("o segundo, semelhante a este"), em sua prioridade no amor para com Deus ("o grande e primeiro") e no significado aparentemente global de sua aplicação ("destes dois mandamentos dependem toda a Lei e os Profetas").

Deleitar-se no Deus trino não substitui a preocupação com o cuidado ao próximo e nem mesmo o amor ao inimigo. Timothy Jackson analisou maneiras pelas quais "prudência, liberdade e justiça" levaram muitos a deslocar o amor de sua posição como a primeira teologia, em favor da preocupação com aquilo que melhor busque e sustente o cuidado pelos direitos humanos, pela dignidade e pelo florescimento por um lado, mas que, por outro lado, viva conforme o padrão de Jesus.[65] No entanto, a mentalidade celestial realmente sustenta e motiva a ação terrena, além de cumprir o ensino explícito tanto em palavras quanto em ações oferecido pelo Messias a respeito de suas próprias prioridades.

Espiritualidade e preocupação social não se sobreporem uma à outra, embora devam estar em sequência. Foi através de uma visão espiritualmente saturada que o Dr. King evocou preocupação moral e apelou para a renovação social.[66] Vemos esse pareamento ilustrado semana após semana, quando os congregados participam dos "dons

---

65. Timothy P. Jackson, *The Priority of Love: Christian Charity and Social Justice* (Princeton: Princeton University Press, 2003), 6.
66. Veja especialmente Martin Luther King Jr., "A Time to Break Silence", em *I Have a Dream: Writings and Speeches That Changed the World*, ed. James M. Washington (San Francisco: Harper San Francisco, 1992), 139-40.

de Deus para o povo de Deus" na Ceia do Senhor antes de serem enviados com sua bênção para amar e fazer boas obras. Esse ritmo de comunhão divina-humana que estimula o serviço humano ao próximo exemplifica liturgicamente esse ordenamento teológico mais profundo dos amores. A mentalidade celestial concede uma priorização metafísica e escatológica que estimula o poder moral, assim como a participação sacramental na liturgia nos prepara para um envio missionário. Somente quando estivermos satisfeitos neste amor celestial e elevarmos nossos corações (*sursum corda*) apenas ao Senhor, estaremos prontos para entrar na luta pelo custoso cuidado pelos menores e pelos perdidos.

Portanto, a mentalidade celestial não marca algum ornamento esotérico da teologia cristã, mas sim algo que envolve o nexo central do evangelho, em que o divino se torna abençoadamente presente ao humano e à criatura. Meus alunos sempre ficam impressionados com a difusão de temas ascéticos na leitura da literatura patrística, não apenas em textos ou tratados que lidam abertamente com temas como virgindade ou renúncia, mas também quando desvendam os dons e frutos do Espírito, o Pai Nosso e os princípios centrais da fé. A recuperação da mentalidade celestial em um mundo como o nosso, marcado por um movimento aparentemente claustrofóbico que Charles Taylor chama de "a moldura imanente", envolve uma reformulação ou recalibragem de toda a extensão da doutrina cristã, e não apenas um suplemento unitário a um *corpus* já resolvido. Fazemos bem em recuperar o compromisso católico clássico com a mentalidade celestial que foi estimado também pelos primeiros reformados e pelos puritanos tardios, para que possamos confessar toda a fé de uma maneira que manifeste um conjunto ordenado de amores. À medida que elevamos nossos corações dessa maneira, atraindo também nossas mentes para contemplar o celestial, podemos ser mais seriamente compelidos a ir para onde Cristo nos envia.

4. Autonegação Reformando as práticas de renúncia[1]

Para os cristãos antigos, o ascetismo não representava apenas um quadrante ou uma parte de sua vida intelectual ou espiritual. Como os estudos históricos recentes mostraram, o ascetismo tingiu o tecido de toda a sua existência cristã sob o sinal da cruz.[2] Embora o martírio possa representar a margem extrema desse auto-sacrifício

---

1. Este capítulo apareceu originalmente em uma forma ligeiramente diferente em Todd A. Wilson e Paul R. House, eds., *The Crucified Apostle: Essays on Paul and Peter* (Tübingen: Mohr Siebeck, 2017).

2. A literatura historiográfica recente sobre o ascetismo na tradição cristã foi marcada fundamentalmente por dois relatos: Michel Foucault, *The Uses of Pleasure*, vol. 2 of *The History of Sexuality*, trad. Robert Hurley (New York: Vintage, 1990), e vol. 3, *The Care of the Self*, trad. Robert Hurley (New York: Vintage, 1988) [edições em português *Os usos do prazer*, vol. 2 de *A História da Sexualidade*, trad. Maria Thereza da Costa Albuquerque, 8a ed. (São Paulo: Paz e Terra, 2020) e *O cuidado de si*, vol. 3 de *A História da Sexualidade*, trad. Maria Thereza da Costa Albuquerque, 8a ed. (São Paulo: Paz e Terra, 2020)]; e Peter Brown, *The Body and Society: Men, Women, and Sexual Renunciation in Early Christianity* (New York: Columbia University Press, 1988) [edição em português *Corpo e Sociedade* (Rio de Janeiro: Zahar, 1990)]. Brown mais recentemente passou de questões sexuais para monetárias como um nexo para desenvolvimentos institucionais e ascéticos, especialmente em seu *The Ransom of the Soul: Afterlife and Wealth in Early Western Christianity* (Cambridge, MA: Harvard University Press, 2015).

voluntário, uma vocação misericordiosamente destinada a poucos, os padrões mais amplos de renúncia terrena marcaram o caminho do discipulado para todos. Andar até o sol era fugir da escuridão. Viajar para o céu envolvia deixar para trás as coisas da terra.

O ascetismo, no entanto, percorreu um caminho acidentado ao longo dos séculos cristãos. Na era moderna, a tradição reformada tem visto o ascetismo cristão de forma particularmente suspeita. Ninguém menos que o grande dogmático reformado holandês Herman Bavinck caracteriza ascetismo nestes termos pejorativos: "Basicamente, todo ascetismo nada mais é do que religião obstinada. Consiste na realização de uma série de conselhos que não foram ordenados por Deus, mas foram instituídos por consentimento humano e eclesiástico".[3] Com estas palavras, Herman Bavinck caracteriza a teologia e a prática ascética como material e formalmente deficientes: materialmente deficiente na medida em que "nada mais é do que religião auto-determinada"; formalmente deficiente por ser composta por uma "série de conselhos que... foram instituídos por consentimento humano e eclesiástico". Em outras palavras, o ascetismo contradiz o princípio material da teologia reformada — *sola gratia* — bem como o princípio formal dessa tradição — *sola Scriptura*. Duplamente indiciado, não encontra conforto, muito menos encorajamento, em seu próprio projeto teológico.

Fundamentalmente, as preocupações de Bavinck em relação a esses dois princípios são inseparáveis e unidas em um só ponto: *solus Christus*. Para colocar o assunto na forma de uma pergunta: o ascetismo cristão realmente justifica o epíteto "cristão" em termos teológicos, e não apenas sociológicos? Embora seja patentemente óbvio que milhares e milhares seguiram caminhos de disciplina ascética sob a bandeira

---

3. Herman Bavinck, *Holy Spirit, Church, and New Creation,* vol. 4 of *Re- formed Dogmatics,* ed. John Bolt, trad. John Vriend (Grand Rapids: Baker Academic, 2008), 243 [edição em português: *Espírito Santo, Igreja, e Nova Criação,* vol. 4 da *Dogmática Reformada,* ed. John Bolt, trad. Vagner Barbosa (São Paulo: Cultura Cristã, 2012)].

do cristianismo, a questão levantada aqui aborda a coerência teológica. O ascetismo necessariamente enfraquece a autoridade de ensino formal de Jesus Cristo como exercida por meio do instrumento da Sagrada Escritura? E o ascetismo mina a essência da insistência bíblica em nossa necessidade fundamental de graça contra as seduções da religião auto-determinada? Em suma, a crítica de Bavinck, em última análise, aborda não duas questões distintas e desconexas, mas sim uma única questão complexa: como a autonegação]ou a prática ascética se relacionam com a pessoa e a obra do Filho de Deus encarnado?

Procuraremos responder à preocupação de Bavinck considerando os contornos do que chamaremos de ascetismo evangélico. Veremos as maneiras pelas quais o ascetismo marcou a fé e a prática do movimento reformado inicial, particularmente como é evidente na obra de João Calvino. Ao considerar a abordagem de Calvino de formatar o ascetismo como autonegação e, então, governá-lo biblicamente e localizá-lo evangelicamente, poderemos avaliar um exemplo detalhado e influente de ascetismo reformado. Ao fazê-lo, veremos que Calvino demonstra preocupação com os princípios formais e materiais levantados muito mais tarde por Bavinck, mas articula um caminho pelo qual o ascetismo pode ser corrigido, em vez de rejeitado, por essa teologia reformadora.

Não estaremos argumentando que Calvino inova de maneiras nunca antes vistas ou que ele é o apogeu do ascetismo evangélico. Desde muito antes, teólogos que vão de Gregório a Basílio e Agostinho procuravam relacionar a vocação ascética ao dom de Cristo. Ao fazê-lo, eles acreditavam que estavam sendo fiéis não apenas à sua vocação como bispos na igreja, mas também às exortações da Sagrada Escritura. Embora sua teologia da vida ascética tenha sido formada muito antes que as questões de autoridade e verdade, ou a respeito de graça e salvação, tomarem a forma desenvolvida que apareceu na época da Reforma Protestante, isso não significa que figuras patrísticas ou medievais não tivessem nada a dizer a esse respeito. E, é claro, a Reforma deve ser apreciada como um longo movimento, e de muitas maneiras o projeto de Calvino de evangelizar o impulso ascético encontra desenvolvimento muito mais completo no projeto dos teólogos puritanos no próximo século. Nesse movimento, e em seu equivalente holandês, o *Nadere Reformatie*, pode-se observar o breve esboço dogmático de Calvino sendo expandido de formas mais específicas e vibrantes.

Apesar desses limites históricos à nossa investigação, vamos agora considerar o esboço dogmático do ascetismo evangélico apresentado nas *Institutas da Religião Cristã* de Calvino. Fazemos isto na crença de que o movimento reformado foi concebido para ser uma renovação e não um repúdio da tradição cristã de fé e prática. Embora muitas facetas da vida eclesial sejam identificadas como mero costume, e não como tradição genuína, sendo assim extirpadas, Calvino e a antiga tradição reformada mostraram um olhar aguçado para observar as raízes fundamentalmente bíblicas do ascetismo cristão no ensino e na vida de Jesus Cristo e seus apóstolos. Não apenas isso, eles também procuraram relacionar melhor essa preocupação ascética com as doutrinas de Cristo e seu evangelho e de Cristo e seu governo para que o ascetismo fosse sempre restringido pelas doutrinas da graça e da Sagrada Escritura. Nesse sentido, esboçamos não só um compromisso de manter ou recuperar o ascetismo cristão, mas também, mais fundamentalmente, uma preocupação em compreender sua forma e contornos de tal maneira que possa ser chamado de ascetismo evangélico.

OS CONTEXTOS E DEFINIÇÃO DA TEOLOGIA ASCÉTICA

Antes de considerar as maneiras pelas quais a autonegação pode ser interpretada como um ascetismo evangélico, faremos bem em considerar a própria definição de ascetismo e, em seguida, nos voltar para seu contexto moral e ontológico. Como definimos o ascetismo? Estudiosos da antiguidade tardia em suas formas pagãs, judaicas ou cristãs continuam a debater isso. Talvez a definição a seguir cubra o terreno de maneira suficientemente ampla para ser relativamente incontroversa. De acordo com Steven Fraade, o ascetismo tem "dois componentes principais: (1) o exercício do esforço disciplinado em direção ao objetivo da perfeição espiritual (como quer que seja entendido), que requer (2) abstenção (seja total ou parcial, permanente ou temporária, individualista ou comunalista) da satisfação de desejos terrenos e criaturais permitidos em outros casos".[4] O ascetismo envolve esforços com base tanto em um benefício desejado quando em um custo necessário e, portanto, não pode ser reduzido a qualquer disciplina diligente. Embora os benefícios ou bênçãos possam ser interpretados de muitas maneiras diferentes, seu caráter transcendente distingue o ascetismo da mera disciplina física (como uma dieta ou um treinamento atlético).[5]

O ascetismo não é nem nunca foi propriedade exclusiva da tradição cristã. As tradições religiosas da antiguidade tardia, bem como a metodologia filosófica da *paideia*, envolviam facetas ou aspectos ascéticos em seu empreendimento.[6] Ao considerar a maneira como a teologia reformadora (como desenvolvida no século XVI) pode recontextualizar o ascetismo cristão, estamos nos engajando em um segundo passo de reforma, pois pensadores patrísticos há muito tempo procuraram expressar maneiras pelas quais o ascetismo poderia ser praticado por cristãos tendo em vista seus homólogos pagãos.

---

4. Steven D. Fraade, "Ascetical Aspects of Ancient Judaism", em *Jewish Spirituality*, ed. A. Green (New York: Crossroad, 1986), 257 (253-88).

5. Gavin Flood, *The Ascetic Self: Subjectivity, Memory, and Tradition* (Cambridge: Cambridge University Press, 2004), 216-17.

6. Paul Rabbow, *Seelenfuhrung: Methodik der Exerzitien in der Antike* (Munich: Kösel, 1954); Pierre Hadot, *Exercices spirituels et philosophie antique*, 2a ed. (Paris: Etudes augustiniennes, 1981) [edição em português: Exercícios Espirituais e Filosofia Antiga, trads. Flavio Fontenelle Loque e Loraine de Fátima Oliveira (São Paulo: É Realizações, 2014)]; Pierre Hadot, *La philosophie comme manière de vivre* (Paris: Albin Michel, 2001) [edição em português: Filosofia Como Maneira de Viver: Entrevistas de Jeannie Carlier e Arnold I. Davidson (São Paulo: É Realizações, 2016)].

Estudos recentes sobre renúncia na antiguidade tardia têm enfatizado as facetas corporais e sociais do ascetismo. Ao fazê-lo, tais estudos complicaram um retrato mais antigo de suas raízes, que há muito haviam sido identificadas com o dualismo platônico ou médio-platônico. De acordo com esta história, um forte dualismo material-imaterial combinado com uma hierarquia metafísica que privilegiava a forma sobre a matéria levou a uma ética de renúncia, pela qual o humano procurava fugir desta miserável carne para o reino do espírito desencarnado (pelo menos tanto quanto possível nesta vida terrena). Mas Peter Brown mostrou que a renúncia cristã primitiva foi forjada por uma alta valorização do corpo, não por uma baixa estimativa de sua dignidade e seu significado.[7] O ascetismo no mundo cristão decorreu de uma consideração séria da importância do corpo pareada com uma obediência à advertência de Cristo de que não se pode servir a dois senhores e, portanto, deve-se oferecer devoção com toda mente ou coração a Deus. O ascetismo cristão envolve a renúncia corporal de certos bens ou prazeres terrenos, mas, ao fazê-lo, não precisa fluir de nenhum ódio ou mesmo de rejeição do corpo como algo bom.

O ascetismo cristão também foi recategorizado como um fenômeno social. Por muito tempo o ascetismo foi visto como o domínio do monge e da freira e, portanto, foi visto como um chamado a reclusão. A historiografia recente complexificou essa questão de duas maneiras. Primeiro, vemos que, embora a prática monástica provavelmente surja mais cedo do que se pensava anteriormente, ela também assume formas muito mais interconectadas socialmente do que a abordagem reclusa sugeriria.[8] Mais uma vez, Peter Brown

---

7. Brown, *The Body and Society*, 425 [edição em português Corpo e Sociedade (Rio de Janeiro: Zahar, 1990)].

8. Sobre o desenvolvimento do monasticismo, veja Samuel Rubenson, "Christian Asceticism and the Emergence of the Monastic Tradition", em *Asceticism*, ed. Vincent L. Wimbush e Richard Valantasis (New York: Oxford University Press, 1995), 49-57. Para alegações de que o monasticismo surgiu na era apostólica, veja J. C. O'Neill, "The Origins of Monasticism", em *The Making of Orthodoxy*, ed. Rowan Williams (Cambridge: Cambridge University Press, 1989), 270-87.

desempenhou um papel fundamental ao observar a maneira pela qual o ascetismo cristão estava ligado a uma nova política em que a cidade e sua ordem natural não eram mais o árbitro final dos valores e práticas a serem manifestados pelos corpos; em vez disso, uma nova cidade de substância espiritual era vista como a fonte transcendente da valorização e da disciplina do corpo.[9] Em segundo lugar, e mais fundamentalmente, a prática ascética nunca foi vista como uma vocação exclusiva das ordens religiosas, mas como uma expectativa universal (em várias formas e graus) para todos os homens e mulheres cristãos. Esse entendimento tem efeitos sobre as maneiras pelas quais podemos receber os corretivos de Calvino em relação ao ascetismo. Matthew Myer Boulton argumentou longamente que Calvino procurou democratizar ou, talvez melhor colocado, universalizar o monasticismo em Genebra, tornando seus compromissos e práticas essenciais algo possível para a participação de todos os homens e mulheres cristãos, fazendo com que talvez pudéssemos substituir o termo "ascetismo" por "monasticismo".[10] Calvino aborda a autonegação como em entendimento evangélico geral e como uma demanda universal ao ascetismo cristão, mas ele não sugere de forma alguma que o monasticismo como tal tenha este entendimento evangélico, e muito menos uma extensa demanda por participação. A consciência dos desenvolvimentos na história do ascetismo na antiguidade tardia nos mantém alertas para a possibilidade de um ascetismo não monástico como o que Calvino está abordando.

Um conjunto de termos surge no reino dos ascetas: "renúncia", "autonegação", "mortificação", "desprezo pelo mundo" (*contemptus mundi*). Embora estes termos e suas imagens relacionadas possam

---

9. Brown, *The Body and Society*, 436-37 [edição em português *Corpo e Sociedade* (Rio de Janeiro: Zahar, 1990)].

10. Matthew Myer Boulton, *Life in God: John Calvin, Practical Formation, and the Future of Protestant Theology* (Grand Rapids: Eerdmans, 2011).

aparecer em toda uma série de discursos ascéticos, ontologias morais marcadamente diferentes estão por baixo dessa diáspora de projetos éticos e ascéticos. Como visto acima, os teólogos patrísticos procuraram distanciar suas próprias reflexões de vários ascetismos pagãos; por exemplo, Agostinho desenvolveria seus escritos sobre perfeição, continência, virgindade e casamento na esteira do desafio apresentado pelo maniqueísmo. E uma recalibragem adicional da ontologia moral cristã subjacente à sua ascética do discipulado foi motivada pela ênfase, presente nos primórdios do movimento reformado, em Cristo , na graça e na fé no tocante à salvação e à vida cristãs. Lembrando que o ascetismo não é simplesmente a prática de uma autodisciplina excruciante, mas está sempre lado a lado com uma linha de pensamento ou de desejo que se fixa em algum objetivo transcendente, o que poderíamos chamar de algum tipo de escatologia. Fazemos bem, então, em investigá-lo não apenas, e nem mesmo principalmente, em sua forma prática, mas tamb;em em suas amarras doutrinárias ou em sua arquitetura dogmática.[11] Quais são as crenças coordenadas sobre o *self*, o pecado, a redenção e, mais significativamente, o transcendente que incidem e moldam o espaço para essa prática ascética?

O FORMATO DO ASCETISMO EVANGÉLICO: AUTONEGAÇÃO

Nos últimos anos, Gavin Flood questionou se a disciplina ascética pode ser um dom de Deus.[12] A questão não é nova e pode servir como um estímulo útil para considerar a maneira pela qual João Calvino

---

11. Para avaliações desta arquitetura dogmática ou ontologia moral na teologia patrística, veja T. H. J. van Eijk, "Marriage and Virginity, Death and Immortality", in *Epektasis*, ed. J. Fontaine and C. Kannengiesser (Paris: Beauchesne, 1972), 209-35; e especialmente John Behr, *Asceticism and Anthropology in Irenaeus and Clement*, Oxford Early Christian Studies (New York: Oxford University Press, 2000).

12. Flood, *The Ascetic Self*, xi.

recebeu e reviveu a tradição ascética. Sua maior preocupação como teólogo e pastor era conceber práticas de autonegação e de renúncia das coisas mundanas, de uma maneira que situasse estes esforços dentro das boas novas de Jesus Cristo. Calvino não queria descrever tais empreendimentos meramente como uma resposta ao evangelho de Cristo, como se fossem distintos do evangelho; em vez disso, ele procurou localizá-los dentro do arrependimento e da renovação que o próprio evangelho traz e como uma faceta crucial do segundo elemento da dupla graça em Cristo. Para compreender esta reorientação da prática ascética em torno da pessoa e obra de Cristo, faremos bem em primeiro prestar atenção aos movimentos estruturais feitos por Calvino em sua abordagem dos ascetas.

Os tópicos de autonegação e renúncia aparecem no livro 3 das *Institutas da Religião Cristã* de Calvino.[13] Lá ele aborda "a maneira pela qual recebemos a graça de Cristo: que benefícios nos vêm dela e que efeitos se seguem". Todo o livro é motivado pela observação de que "enquanto Cristo permanecer fora de nós e estivermos separados dele, tudo o que ele sofreu e fez pela salvação do gênero humano permanece inútil e sem valor para nós" (III.i.1). Tendo acabado de concluir sua discussão sobre a pessoa e a narrativa de Cristo — a história do evangelho — Calvino faz uma qualificação direta: esta continua sendo apenas uma história fascinante e excepcional da antiguidade tardia, de uma vida vivida há muito tempo em uma terra distante, a menos que estejamos de alguma forma unidos a Cristo. Calvino lança, então, sua famosa doutrina da união com Cristo pelo

---

13. John Calvin, *Institutes of the Christian Religion*, ed. John T. McNeill, trans. Ford Lewis Battles, Library of Christian Classics 20 (Louisville: Westminster John Knox, 2006). Referências a este trabalho a seguir são anotadas no texto por números de página entre parênteses. [edições em português desta obra de João Calvino: Institutas da Religião Cristã - Primeira Edição de 1536, (S. José dos Campos: Fiel, 2018); As Institutas (São Paulo. Cultura Cristã, 2019), Instituições da Religião Cristã, (São Paulo: Editora Unesp, 2008)]

Espírito Santo, que é o "vínculo pelo qual Cristo efetivamente nos une a si mesmo" (III.i.1).

Calvino falou da utilidade e do valor de Cristo para nós em sua introdução ao livro 3. Logo depois, ele retrata esta bênção de duas maneiras. "Com boa razão, considera-se que a soma do evangelho consiste em arrependimento e perdão dos pecados [Lc 24.47; At 5.31]... Agora, tanto o arrependimento como o perdão dos pecados — isto é, novidade de vida e a reconciliação gratuita — nos são conferidos por Cristo, e ambos são alcançados por nós pela fé" (III.iii.1). Aqui a linguagem de uma graça dupla (*duplex gratia*) é sugerida pela primeira vez, para ser retomada novamente depois (III.xi.1). Tradicionalmente, os intérpretes compreendem sua distinção como sendo entre justificação e santificação. Embora isto seja totalmente apropriado, vale a pena notar que Calvino não usa nenhuma destas duas palavras como principal descrição deste dom duplo. Em vez disso, ele prefere liderar com a linguagem bíblica do arrependimento e do perdão dos pecados e, em seguida, adicionar termos sobrepostos ou até sinônimos (como "regeneração" e "reconciliação" ou "justificação"). No entanto, seu ponto mais amplo, que é a própria razão para se fazer esta distinção, é lembrar ao leitor que ambos são dons ou graças e, como tal, fazem parte da promessa evangélica de Jesus. A partir de suas repetidas citações bíblicas (em Lucas 24:47 e Atos 5:31), Calvino considera que esta conclusão é clara.

Aqui ocorrem dois movimentos principais que localizam a atividade ascética dentro da promessa do evangelho. Primeiro, Calvino define arrependimento não como uma preparação para o evangelho, e nem como uma resposta distinta ao evangelho, mas como uma provisão divina do evangelho que toma a forma de ação humana santificada. Sua leitura da mensagem bíblica de Jesus, retransmitida em Lucas 24.47, localiza o arrependimento como a ação do crente que flui da e é presenteada pela bondade de Deus. Embora o arrependimento seja uma ação nossa, sua existência flui da boa promessa de Deus, sendo, de fato, uma parte desta promessa, não como uma condição, mas como uma criação que flui do dom incondicionado de Cristo. Em segundo lugar, o reformador situa a autonegação e a renúncia na categoria de arrependimento ou santificação, empregando a terminologia de mortificação e vivificação para fazê-lo. Calvino deixa claro que está ciente de que, ao abordar a vida cirstã, está entrando em um vasto campo de estudo: "Compondo exortações sobre uma única virtude, os antigos doutores, como vemos, tornaram-se muito prolixos. No entanto, nisto eles não desperdiçam palavras". Ele observa que a avaliação de qualquer virtude leva a abordar uma série de assuntos inter-relacionados. Este não é o seu objetivo ou propósito. "Não pretendo desenvolver aqui a instrução de vida que agora estou prestes a oferecer a ponto de descrever detalhadamente as virtudes individuais e de divagar em exortações. Tal pode ser buscado nos escritos de outros, especialmente nas homilias dos pais [da igreja]". Calvino observa claramente a natureza da abordagem patrística a respeito da ética e da virtude ascéticas, elogiando suas exortações e não vendo necessidade de substituí-las. O que Calvino pretende acrescentar aqui? "Mostrar ao homem piedoso como este pode ser direcionado para uma vida corretamente ordenada, e brevemente estabelecer alguma regra universal com a qual determinar seus deveres — isto será o bastante para mim" (III.vi.1). Embora voltaremos à questão das regras, da regulamentação e da determinação dos deveres de uma pessoa em nossa próxima seção (abordando maneiras pelas quais Calvino recalibrou a teologia ascética ao longo das linhas do princípio reformado da Escritura), aqui devemos expandir as maneiras pelas quais ele aborda o direcionamento apropriado para esta vida e o que significa ela ser "corretamente ordenada".

Estritamente falando, o tratado de Calvino sobre teologia ascética, ou o que ele chama de "soma da vida cristã", vai dos capítulos

6 a 10 do livro 3. No entanto, Calvino já havia começado a abordar a vida de arrependimento nos capítulos 2 a 5. Nestes, ele definiu fé (cap. 2) e arrependimento (cap. 3). Em seguida, ele desconstrói acréscimos posteriores ao arrependimento, que mancharam o sistema sacramental-penitencial da igreja medieval: primeiro, interpretando o arrependimento como algo que satisfaz a Deus (cap. 4); segundo, suplementando o arrependimento com indulgências e outros ritos baseados apenas na tradição humana (cap. 5). Tendo feito estes movimentos dogmáticos básicos (nos capítulos 2—3) e limpando o terreno de tanto lastro (nos capítulos 4—5), Calvino agora se volta para abordar a vida do cristão e as motivações bíblicas para ela (cap. 6).

A atração da autonegação flui de um bem maior, um bem futuro que supera em importância e qualidade os fascínios fugazes e fracos desta era presente. Calvino se refere a este bem maior como a "verdadeira fonte" do próprio Jesus Cristo (III.vi.3). Ele explica como os vários benefícios desfrutados na união com Cristo não apenas nos destacam objetivamente diante de Deus, mas também provocam uma ação subjetiva correspondente, ou um movimento moral:

> Desde que Deus se revelou Pai a nós, devemos provar nossa ingratidão para com ele caso não nos mostremos seus filhos [Ml 1.6; Ef 5.1; 1Jo 3.1]. Desde que Cristo nos purificou com a lavagem de seu sangue, e comunicou esta purificação através do batismo, seria impróprio sujar-nos com novas poluições [Ef 5.26; Hb 10.10; 1Co 6.11; 1Pe 1.15,19]. Desde que ele nos enxertou em seu corpo, devemos tomar cuidado especial para não desfigurar a nós mesmos, que somos seus membros, com qualquer mancha ou defeito [Ef 5.23-33; 1Co 6.15; Jo 15.3-6]. Desde que o próprio Cristo, que é a nossa cabeça, subiu ao céu, cabe a nós, deixando de lado o amor às coisas terrenas, aspirar de todo o coração ao céu [Cl 3.1ss.]. Desde que o Espírito Santo nos dedicou como templos a Deus, devemos

cuidar para que a glória de Deus brilhe através de nós, e não devemos cometer nada que nos contamine com a imundícia do pecado [1Co 3.16; 6.19; 2Co 6.16]. Desde que nossas almas e corpos foram destinados à incorrupção celestial e a uma coroa imarcescível [1Pe 5.4], devemos nos esforçar varonilmente para mantê-los puros e irrepreensíveis até o dia do Senhor [1Ts 5.23; cf. Fl 1.10]. (III.vi.3)

Calvino observa explicitamente que os filósofos que elogiam a virtude só podem e só se levantam para exortar alguém baseados na "dignidade natural do homem", ao passo que ele sugere que a dignidade sobrenatural conferida à humanidade em Cristo oferece uma teologia moral maior.

Qual é a forma dessa vida cristã de fé e arrependimento, dessa jornada marcada pelo dom de Deus, que resulta na agência de seus filhos e filhas adotivos? Se a justificação realmente vem para os ímpios, o que Calvino pode dizer a respeito da santificação que também é dada a eles? No capítulo 7, ele se concentra na autonegação como sendo a soma da vida cristã. Ele emprega uma linguagem de sacrifício, transformação e conformidade com Deus (não com o mundo) para descrever esse ritmo de autonegação. Uma longa citação oferece seus comentários mais pertinentes sobre o assunto:

> Se nós, então, não somos de nós mesmos [cf. 1Co 6.19], mas do Senhor, fica claro de que erro devemos fugir e para onde devemos dirigir todos os atos de nossa vida.
>
> Não somos de nós mesmos: não deixe que nossa razão nem nossa vontade, portanto, influenciem nossos planos e ações. Não somos de nós mesmos: portanto, não tenhamos por objetivo buscar o que nos convém segundo a carne. Não somos de nós mesmos: na medida do possível, esqueçamo-nos, portanto, de nós mesmos e de tudo o que é nosso.

Inversamente, somos de Deus: portanto, vivamos para ele e morramos por ele. Somos de Deus: deixemos sua sabedoria e vontade, portanto, governar todas as nossas ações. Somos de Deus: que todas as partes de nossa vida se esforcem em direção a ele como nosso único objetivo legítimo [Rm 14.8; cf. 1Co 6.19]. Ó, quanto lucrou aquele homem que, tendo sido ensinado que ele não é de si mesmo, tirou o domínio e o governo de sua própria razão para que possa entregá-los a Deus! Pois assim como consultar nosso interesse próprio é a peste que mais efetivamente leva à nossa destruição, o único refúgio de salvação é não ser sábio em nada e não desejar nada por nós mesmos, mas seguir somente a direção do Senhor.

Que este, portanto, seja o primeiro passo: que um homem se afaste de si mesmo para aplicar toda a força de sua capacidade no serviço do Senhor. (III.vii.1)

Calvino localiza a autonegação dentro da matriz criacional do Deus trino — a aliança com o Pai de Israel, a união com Cristo e a habitação do Espírito Santo. Em outras palavras, a renúncia da posse de si mesmo expressa aqui só faz sentido em meio a uma reivindicação transcendente de posse pelo Deus trino da graça.

Estas observações sobre "afastar-se de si mesmo" são para um fim: "o serviço do Senhor". Interpretar seu foco requer atentar-se às suas fontes exegéticas, em particular Romanos 12.1-2, em que oferecer adoração espiritual ao Senhor (algo que Paulo identifica como a totalidade do self de alguém) requer uma transformação da mente, uma renovação que requer não-conformidade com os caminhos do mundo e a regeneração dos caminhos dentro do *self* natural.

Romanos 12 prefacia este chamado ao sacrifício e adoração e transformação do *self* com uma referência às "misericórdias de Deus", presumivelmente as verdades gloriosas transmitidas nos capítulos 1 a 11 que precedem esta porção da Sagrada Escritura.

Calvino dá muita importância à esta ordem, notando que o arrependimento descrito com tanta extensão não apenas nestes versículos, mas também de forma mais ampla em Romanos 12—15, flui da fé.[14] Em outras palavras, o ascetismo evangélico será impulsionado por uma esperança escatológica ao invés de ser estimulado por uma simplicidade passada ou por uma inocência primordial.[15] Repetidamente, Calvino retorna à linguagem da "devoção a Deus" como a fonte motivadora da autonegação (III.vii.2, 8). A devoção não descreve a fidelidade de uma pessoa a Deus de uma maneira que beneficie a Deus; antes, a devoção a Deus, para Calvino, é o tipo de devoção expressa por alguém dependente. Calvino conclui sua descrição de autonegação com uma longa análise da maneira pela qual a confiança na bênção de Deus liberta a pessoa do medo e da ansiedade de ser seu próprio mestre e Senhor; em outras palavras, a devoção a esse Deus toma a forma de uma confiança em sua provisão por meio de Jesus Cristo, e esta confiança invariavelmente nos afasta de nós mesmos e nos reorienta para Deus como nossa bússola, nosso sol e nosso Salvador.

Vale a pena notar que esta observação sobre enraizar a autonegação na fé não é exclusiva da tradição protestante. Máximo, o Confessor, conectou a fé com a guerra espiritual contra a carne:

> Agora talvez alguém diga: tenho fé e a fé nEle me basta para a salvação. Mas Tiago o contradiz, dizendo: Os demônios também crêem e tremem; e novamente: A fé sem obras é morta em si mesma, como

---

14. Para uma análise útil do significado fundamental de Romanos 12.1-2 na descrição da autonegação por Calvino, veja Randall C. Zachman, "'Deny Yourself and Take Up Your Cross': John Calvin on the Christian Life", *International Journal of Systematic Theology* 11, no. 4 (2009): 471 (466-80).

15. Veja, por exemplo, Irenaeus's *Against Heresies* 3.22-23, e *On the Apostolic Preaching* 11-16, assim como os comentários em Behr, *Asceticism and Anthropology*, 49n51.

também as obras sem fé. De que maneira, então, cremos nEle? Será que cremos nEle sobre coisas futuras, mas sobre coisas transitórias e presentes não cremos nEle e, portanto, estamos imersos em coisas materiais e vivemos na carne, e lutamos contra o Espírito? Mas aqueles que verdadeiramente creram em Cristo e, pelos mandamentos, o fizeram habitar totalmente em si mesmos, falaram desta maneira: E eu vivo, agora não mais eu; mas Cristo vive em mim. E isto vivo na carne: vivo na fé do Filho de Deus, que me amou e se entregou por mim.[16]

Há precursores para o ascetismo evangélico, mesmo que as práticas medievais tardias, que minaram o discipulado cristão clássico, tenham levado Calvino a destacar com tanta força esta ênfase sistêmica a respeito da ordem entre fé e arrependimento e entre justificação e santificação.

A seguir, Calvino aborda o carregar a cruz como uma descrição fundamental da vida cristã (cap. 8). Como a vida cristã envolve união com Cristo — com sua pessoa, história e benefícios — a experiência de carregar a cruz no presente vem como parte do pacote, por assim dizer. O sofrimento no presente marca a vida de todo cristão. Calvino descreve a experiência do sofrimento de várias maneiras: como treinamento e instrução para os espiritualmente imaturos e imperfeitos (III.viii.4), como teste para os fracos (III.viii.4), como remédio para os espiritualmente doentes (III. viii.5), e como disciplina paterna para os filhos de Deus (III.viii.6). Por que é assim?? Porque o sofrimento no presente é acompanhado com o dom da esperança na fidelidade e provisão de Deus (III.viii.3, 8). Calvino expressamente condena o estoicismo e observa que a perseverança paciente à qual Cristo chama

---

16. "The Ascetic Life", em *The Ascetic Life and the Four Centuries*, Ancient Christian Writers 21, trad. Polycarp Sherwood (New York: Newman, 1956), 123 (section 34).

seu povo não é sem tristezas e, portanto, não pode ser empreendida sem angústia, paixão e dor (III.viii.9-10).

Em meio a esta insistência nos sofrimentos da vida presente, Calvino reajusta-nos ao formato mais amplo da história, apontando novamente para nossa vida futura e, mais especificamente, para a necessidade de meditar sobre a vida eterna que será nossa em Cristo (cap. 9). "Se o céu é nossa pátria, que outra coisa é a terra senão nosso lugar de exílio?" (III.ix.4). Calvino regularmente emprega a linguagem da peregrinação ou do êxodo para descrever a vida do cristão. O truque — e isto não é fácil — é "deixar os crentes se acostumarem a um desprezo pela vida presente que não gere ódio contra ela e nem ingratidão contra Deus" (III.ix.3). Em outras palavras, o desprezo pelo presente decorre do bem excessivo do futuro, não de qualquer mal inerente ao momento atual. O presente não é suficiente, mas isso não significa que não seja bom, que não seja de Deus, ou que não deva ser recebido com gratidão. No entanto, assim como fé e arrependimento são realidades parelhas (assim como o "retorno e descanso" de que o profeta Isaías falou em Isaías 30.15), o desprezo pelo presente e o desejo pelo futuro são experiências humanas geminadas.

Então Calvino volta deste relato de escatologia e meditação sobre a eternidade para reconsiderar o tempo presente e aquilo que ele considera nosso "uso da vida presente e seus auxílios" (cap. 10). "Seja este o nosso princípio: que o uso dos dons de Deus não seja mal dirigido quando se refere àquele fim para o qual o próprio Autor os criou e os destinou para nós, pois os criou para nosso bem, não para nossa ruína" (III.x.2). Assim, a maneira de empregar os bens terrenos flui tanto de sua criação quanto de sua "finalidade" para a qual Deus os "destinou para nós". Sua ética não é meramente criacional nem apenas escatológica, mas uma que relaciona ambas e, assim, situa o uso presente entre a criação passada e o destino futuro. Quanto à extensão, Calvino usa repetidamente a linguagem da moderação, da frugalidade e da sobriedade (veja, por exemplo, III.x.5). Ele também observa que existem vários "chamados" (vocações). Contra "o julgamento da razão humana e filosófica", que reduziria toda ética a uma forma universal ou homogênea, Calvino insiste que Deus diversifica seus dons e seus chamados, e não ousamos restringir sua direção. Novamente, é por isso que Romanos 12.2 fala da necessidade de uma mente renovada para exercer o discernimento sobre o verdadeiro, o bom e o belo, precisamente porque a autonegação nunca assume a forma de uma calçadeira e sempre envolve o despojamento pessoal de si mesmo e, igualmente, dependência pessoal de uma inspiração de Deus.

Resumindo a descrição de Calvino do espaço para autonegação, a primeira coisa a notar deve ser sua localização cristológica: em união com Cristo, como parte da promessa do evangelho, somos afastados de nós mesmos e levados ainda mais em direção à vida em Cristo. Além disto, este processo de autonegação ocorre no curso de uma história contínua, e é motivado tanto pela fé na bênção de Deus quanto pela meditação sobre nossa felicidade eterna, enraizada na fidelidade divina no passado (tanto nas obras singulares de Cristo no primeiro século quanto nas libertações pessoais anteriores do Espírito de Deus para nós em nossa própria vida), e realizada em meio ao tumulto de nossa peregrinação atual em direção a nosso fim celestial.

OS PADRÕES PARA UM ASCETISMO EVANGÉLICO: EXORTAÇÕES BÍBLICAS À AUTONEGAÇÃO

Herman Bavinck diz que "o Novo Testamento não recomenda acima de tudo as virtudes que permitem aos crentes conquistar o mundo, mas, ao mesmo tempo que lhes pede que evitem todo falso ascetismo (Rm 14.14; 1Tm 4.4-5; Tt 1.15), lista como frutos do Espírito as virtudes de 'amor, alegria, paz, longanimidade, benignidade, bondade, fidelidade, mansidão, domínio próprio' (Gl 5.22-23; Ef 4.32; 1Ts 5.14ss.; 1Pe 3.8ss.; 2Pe 1.5-7; 1Jo 2.15)".[17] Vimos que João Calvino não coloca o ascetismo e a ética da virtude do ensino bíblico em oposição ao fruto do Espírito, como Bavinck faz. Como observado acima, Calvino endossou o ensino dos pais da igreja sobre as virtudes particulares e as exortações à renúncia; seu desejo era fornecer uma ordem teológica apropriada para direcionar a maneira pela qual os cristãos perseguem tais empreendimentos morais.

Lembremos que Calvino insistiu que a autonegação deve ser governada por um olhar direcionado para Deus em todas as coisas.[18] Isto marca algumas de suas críticas às práticas monásticas (que também se concentram na autonegação). Durante séculos, os teólogos cristãos fizeram uma distinção entre mandamentos e conselhos (ver Tomás de Aquino, *Summa theologiae*, Ia-IIae.108.4): enquanto os mandamentos são dados por Deus e aplicáveis a todos os cristãos, os conselhos são máximas de sabedoria que são obrigatórias apenas para um grupo seleto e reduzido (por exemplo, o celibato é aconselhado por Paulo e seguido pelos monges). Duas grandes diferenças podem ser vistas entre esta abordagem e a de Calvino: (1) Calvino acredita que a autonegação é universalmente obrigatória para todos os cristãos; e (2) Calvino acredita que a autonegação deve ser governada por "um olhar direcionado para Deus em todas as coisas" através da Sagrada Escritura, e ele não acredita que os "conselhos" das Escrituras devam ser mandatórios para qualquer subseção da igreja, a menos

---

17. Bavinck, *Reformed Dogmatics*, 4:674 [edição em português: Dogmática Reformada, ed. John Bolt, trad. Vagner Barbosa (São Paulo: Cultura Cristã, 2012)].

18. Veja ainda seus comentários sobre 2 Coríntios 1.9: "Devemos começar por desesperarmo-nos de nós mesmos, mas apenas para que possamos ter esperança em Deus; devemos ser rebaixados em nós mesmos, mas apenas para que possamos ser elevados pelo seu poder".

que as próprias Escrituras expressamente o façam. Os comentários de Calvino sobre 1 Coríntios 7.8 são indicativos desta dinâmica: embora os dons do celibato sejam dados a alguns, eles não devem ser impostos a ninguém. Calvino arriscará argumentos de que os antigos estilos de vida monásticos (como defendidos por Agostinho ou, podemos acrescentar, Atanásio) estavam muito mais alinhados com o ensino das Escrituras do que os modelos monásticos contemporâneos a ele porque as comunidades monásticas da antiguidade eram mais integradas à vida mais ampla da congregação (por exemplo, IV.xiii.9, 14). Calvino observa que as práticas monásticas posteriores tornaram impossível para um monge também servir bem como um sacerdote porque a primeira exigia a retirada da sociedade enquanto a segunda exigia imersão na comunidade (IV.v.8). Dizendo isto, ele está baseando-se em observações feitas pelo próprio Papa Gregório, o Grande, que havia dito que "ninguém pode ser, ao mesmo tempo, monge e clérigo".[19]

O que vemos nestes comentários é um desacordo formal a respeito da autoridade adequada para reger nossa prática moral e ascética. Considerando que uma estrutura de autoridade dupla se desenvolveu, com comandos universais dados por Deus e conselhos específicos dados por várias figuras dentro da hierarquia eclesiástica, Calvino argumenta que toda autoridade eclesial é de natureza ministerial e, portanto, está acorrentada à Palavra de Deus escriturística. Todos os cristãos estão obrigados na medida em que a Sagrada Escritura fala sobre a autonegação e sobre a renúncia às coisas terrenas em favor de um bem celestial. No entanto, na medida em que os escritos dos profetas e apóstolos permanecem em silêncio, a igreja também deve fazê-lo. É claro que um cristão individual pode discernir algo sábio

---

19. Sobre Calvino e o monasticismo, veja David Steinmetz, "Calvin and the Monastic Ideal", em *Calvin in Context* (New York: Oxford University Press, 1995), 187-98.

ou prudente para empreender além da orientação ou do direcionamento explícito da Bíblia, e é de se esperar que tais julgamentos ocorram em todos os aspectos. No entanto, os ministros da igreja não devem supor que fazem tais julgamentos *in loco parentis*[20] ou com qualquer autoridade obrigatória.

Calvino não apela apenas para a autoridade bíblica para desconstruir os costumes romanos medievais que ele considera ilegítimos ou extra-bíblicos. Ele também quer reorientar seu leitor em direção às áreas de ênfase bíblica referentes à autonegação, sendo a principal delas as práticas do sábado pelo povo de Deus. Como ele diz em outro lugar, "o Senhor testifica com muita frequência que ele havia dado, no sábado, um símbolo de santificação para seu povo antigo".[21] Guardando o sábado, os crentes reorientam seu tempo e todos os seus investimentos (de energia e de capital) em Deus e, da mesma maneira, também reorientam o tempo de qualquer pessoa dentro de sua casa ou de seu campo de influência. A guarda do sábado marca a tradição reformada clássica de uma forma sem precedentes na história cristã. Uma simplicidade e coerência de princípios marcam seu desenvolvimento tanto em suas formas continentais quanto puritanas (que são bastante diferentes em alguns aspectos), na medida em que se desenvolveram no final do século XVI e início do século XVII.

Calvino e o foco da tradição reformada clássica sobre o sábado, paralelamente à crítica feita contra a celebração de um calendário litúrgico exuberante por parte das igrejas romana e anglicana, fluem de uma fonte comum. A tradição reformada não deriva sua ordem temporal ou seu comentário polêmico sobre o uso de calendários por outras tradições de qualquer animosidade anti-religiosa. Em vez

---

20. N. do T.: expressão latina que significa "em lugar dos pais", ou seja, em lugar daqueles que são legalmente responsáveis.

21. John Calvin, *Commentaries on the First Book of Moses Called Genesis*, vol. 1, trad. John King (Grand Rapids: Eerdmans, 1948), 106 (sobre Gn 2.3).

disso, a guarda do sábado demonstra um princípio assumido em relação à maneira como os hábitos do tempo e as práticas rítmicas trazem conseqüência espiritual na formação do povo de Deus. Mas tais hábitos e práticas o fazem na medida em que nos tiram de nós mesmos e, portanto, devem ser ordenados de cima, e não imaginados por nossa própria vaidade.

Ascetismo evangélico:
Recuperando e reformando a autonegação

Curiosamente, a parte mais citada das *Institutas* de Calvino ao longo dos séculos foi a parte do livro 3 em que ele aborda os tópicos de autonegação e o uso adequado dos bens terrenos. Tal parte tem circulado sob o título *The Golden Booklet of the Christian Life [O Livro de Ouro da Vida Cristã, em tradução livre]*.[22] Hoje, no entanto, a forte influência do neocalvinismo, ou kuyperianismo, e tamb;em das abordagens weberianas e niebuhrianas de reflexão sobre o significado sociológico, econômico e cultural do calvinismo levou a uma imagem da teologia dos reformadores que raramente, ou nunca, identifica-se com a mentalidade celestial, a autonegação, o contentamento, o sábado e a renúncia ao mundo.

De fato, uma das razões para o cachê cultural do calvinismo no mundo ocidental moderno tem sido sua suposta valorização deste mundo como digno, glorioso e merecedor de nossos esforços. Esta espiritualidade terrenal foi mais poderosamente ilustrada na ficção da autora reformada Marilynne Robinson, especialmente na obra *Gilead*, ganhadora do Prêmio Pulitzer, onde lemos que "o mundo

---

22. N. do T.: Há uma edição em português que inclui apenas os capítulos 6-10 do livro 3 das Institutas circulando com o título: Uma Espiritualidade com Rosto Humano: o "livro de ouro" da vida cristã, ed. Felipe Sabino de Araújo Neto (Brasília: Monergismo, 2019).

inteiro está iluminado como a transfiguração".[23] Correspondente a esta visão do mundo tem sido uma abordagem do trabalho na qual a teologia reformada do século XX expandiu a doutrina da vocação de uma forma que trouxe coerência e vitalidade às abordagens cristãs para uma série de tópicos, desde finanças e sexualidade, até política e educação. Por causa de sua oposição escatológica ao dispensacionalismo desde o final do século XIX, a teologia reformada procurou enfatizar que, embora o desprezo e a difamação do mundo possam fluir de uma teologia do arrebatamento, uma escatologia holística (como esboçada com tanta força, por exemplo, por Bavinck) apresenta uma base muito mais rica para investir o próprio capital (em todos os sentidos) em melhorias mundanas. Assim, tornou-se padrão para igrejas influenciadas por essa corrente de pensamento kuyperiano identificar sua missão (como duas de minhas igrejas fazem) como beneficiar a cidade de forma espiritual, social e cultural.

Minha ênfase aqui não deve ser confundida com uma rejeição dessa visão kuyperiana/neocalvinista de Cristo como Senhor de todas as coisas, o soberano sobre todas as esferas da vida. Tampouco desejo negar que devemos glorificar a Deus em tudo o que fazemos, buscando agir por fé de acordo com sua Palavra e para sua glória. Dito isso, há sérios perigos nessa ênfase, principalmente uma perda de proporção. A cultura em suas várias formas pode ser um bem, mas mesmo em seu melhor estado, só pode ser um bem secundário, um participante, que empalidece em comparação com nosso bem primário. O Deus trino que não participa de ninguém, mas em quem podem participar aqueles que foram unidos a ele por meio de Jesus Cristo. Procurando afirmar o amplo alcance da bênção

---

23. Marilynne Robinson, *Gilead* (New York: Farrar, Straus e Giroux, 2003), 245 [edição em português: *Gilead* (São Paulo: Vida Nova, 2022). Seu protagonista nesta obra, o Rev. John Ames, canaliza diretamente a teologia de Calvino e Barth, em particular no que diz respeito à santidade do ordinário.

de Deus, a teologia reformada moderna com muita frequência falhou em honrar, e até mesmo rebaixou de forma descarada, a beatitude de Deus.

Devemos dar um passo adiante, no entanto, e perceber que não houve apenas um fracasso da escatologia e um encurtamento da esperança cristã. Embora necessária como análise, esta avaliação não é suficiente para orientar o navio corretamente. Uma anemia ética também se instalou por causa dessa magreza escatológica. Quando consideramos Calvino, no entanto, observamos uma descrição densa da vida cristã que está enraizada em mais do que mera gratidão, comando, ou resposta. Calvino localiza a vida de renovação, regeneração e arrependimento na órbita mais ampla do próprio evangelho, e ele aborda as duas questões-chave de ordenamento que acompanham a consideração deste chamado. "Ora, esta instrução bíblica de que falamos tem dois aspectos principais. A primeira é que o amor à justiça, ao qual não somos de modo algum inclinados por natureza, possa ser instilado e estabelecido em nossos corações; a segunda, que seja estabelecida para nós uma regra que não nos deixe vagar sem rumo em nosso zelo pela justiça" (*Institutes* III.vi.2). Procuramos destacar a maneira pela qual sua teologia reformadora da graça e da primazia da Escritura reorientou seu compromisso com a teologia moral presente no passado cristão, especialmente em suas exigências ascéticas. Ele endossa as mesmas virtudes e exortações (mesmo em sua forma patrística), mas quer fornecer uma nova ordem para direcionar a maneira como abordamos sua prática.

Podemos concluir abordando uma questão contemporânea e perguntando se o relato de Calvino pode fornecer uma resposta razoável. Eugene Rogers se opõe ao uso do termo "autonegação" para descrever o ascetismo cristã, indicando que não faz sentido chamar algo de "negação" do eu quando, na verdade, envolve o desenvolvimento da verdadeira personalidade em um relacionamento com

Deus.²⁴ Por que, então, Calvino fala de autonegação quando aborda a vida cristã ou o processo de santificação? A resposta imediata é que a linguagem da autonegação vem da Sagrada Escritura (cf. Lc 9.23). Os cristãos podem questionar se tal terminologia deve ter influência ou significância em nossa teologia moral mais ampla e em que termos ela pode ser entendida adequadamente, mas não é possível argumentar muito bem contra o uso deste termo. Refinemos nossa pergunta, então, para questionar por que "autonegação" é um termo significativo para um ascetismo evangélico ou para uma teologia moral reformada e, caso seja significativo, como pode ser governado por um pensamento mais amplo sobre o Deus do evangelho e a ordem criacional que este Senhor trouxe à existência em Cristo.

Ao falar de ascetismo, fala-se do *self*. Mas fazer essa observação é apenas o começo de um questionamento a respeito do caráter do ascetismo e dos contornos de sua prática, não interrompendo e nem concluindo tal investigação. O discurso sobre o próprio self é conflitante, não apenas na Sagrada Escritura, mas também na tradição cristã. Devemos amar a nós mesmos e modelar nosso amor pelos outros nas linhas de nosso amor a nós mesmos (conforme é a versão de Jesus do segundo grande mandamento), e ainda assim o amor a nós mesmos é visto como uma prática prejudicial e maligna. A tradição cristã posterior também falou do amor-próprio de maneira complexa e multiforme, acenando, desta maneira, em direção à complexidade da própria Escritura Sagrada.²⁵ O que mais podemos dizer sobre a natureza de tal ascetismo? Recorrendo a Calvino, creio que podemos resumir em

---

24. Citado em Nathan Jennings, *Theology as Ascetic Act: Disciplining Christian Discourse*, American University Studies in Theology and Religion 307 (New York: Peter Lang, 2010), 15n67.

25. O estudo central dessa realidade multiforme continua sendo Oliver O'Donovan, *The Problem of Self-Love in St. Augustine* (New Haven: Yale University Press, 1980).

quatro facetas significativas para moldar uma abordagem distintamente evangélica à autonegação.

Primeiro, o ascetismo cristão não é meramente, e nem principalmente, sobre desprezo pelo mundo como tal. Qualquer noção de *contemptus mundi* que se mostre útil ao evangelho deve ser coordenada com um desprezo por si mesmo. O mundo como tal, e sua natureza moral, decorre da maneira como as criaturas humanas interagem com ele diante de Deus. Assim, a riqueza ou a pobreza podem ser recebidas correta ou incorretamente, a depender da postura com que se possui muito ou pouco.

Em segundo lugar, o ascetismo cristão não é meramente, e nem principalmente, sobre qualquer tipo de desprezo. De maneira mais importante, o desprezo do mundo e de si mesmo deve ser precedido pelo prazer nas coisas boas da vida: Deus, juntamente com todas as coisas na medida em que ela participem da beatitude e da bênção de Deus. Ao comentar 2 Coríntios 2.14, Calvino insiste: "a única maneira de se fazer o progresso correto no Evangelho é ser atraído pela doce fragrância de Cristo, de modo que O desejemos o suficiente para nos despedirmos das tentações do mundo". Portanto, a continência presente (conforme descrito nas *Institutas* III.x) deve ser abastecida pela meditação sobre a bênção futura (conforme descrito na seção imediatamente anterior: III.ix). E a continência atual não precisa assumir a forma de ódio ao mundo como algo bom; de fato, os cristãos devem poder deleitar-se com os bens do mundo.[26]

Terceiro, o ascetismo cristão deve estar localizado entre as coordenadas criaturais do evangelho, ou seja, as ressonâncias que ecoam e avançam para a recepção da graça por aqueles envolvidos pela

---

26. Calvino oferece uma leitura comparativa de 2 Coríntios 1.12 e 10.17 (em seu comentário) para abordar maneiras pelas quais Paulo pode   gloriar-se singularmente em Deus enquanto também   gloria-se nos bens fornecidos por Deus.

identidade do evangelho. Assim, qualquer apelo à negação ou renúncia é uma realidade temporal e só faz sentido num quadro histórico de referência específico: o peregrino evita desfrutar o percurso, por mais cênico que seja, na medida em que este o afastaria do anseio pelo seu destino final. Da mesma forma, o cristão contenta-se com as provisões de Deus para o dia e evita o anseio por um bem maior na terra para que não se esqueça das satisfações celestiais que o aguardam em glória. Os cristãos vivem em estado de graça, de modo que há bens temporais a serem desfrutados; os cristãos ainda não estão no estado de glória, por isso devem esperar experimentar uma gratificação tardia. "Como a herança eterna do homem está no céu, é verdadeiramente certo que nós devamos nos inclinar para aquela direção; ainda assim, devemos firmar nossos pés na terra por tempo suficiente para nos permitir ponderar sobre a morada que Deus requer que o homem use por um tempo. Pois agora estamos familiarizados com a história que nos ensina que Adão era, por designação divina, um habitante da terra, a fim de que ele pudesse, ao passar por sua vida terrena, meditar na glória celestial".[27]

Quarto, o ascetismo cristão será guiado pelo ensino autorizado da Igreja da Sagrada Escritura (somente) na medida em que as Escrituras falam a este respeito e, então, pelo discernimento das consciências individuais moldadas por essa revelação escriturística. Assim, a ênfase será colocada em práticas como santificar o sábado, dar dízimos e ofertas e jejuar ocasionalmente, as quais encontram garantia explícita na Palavra de Deus. Além disso, a oração continua sendo a prática ascética mais profunda e não é apenas ordenada, mas exemplificada e ilustrada ao longo de toda a Escritura. Na oração, os cristãos voltam-se de sua atividade inquieta para descansar suas ansiedades e

---

27. Calvin, *Commentaries on the First Book of Moses Called Genesis*, 1:114-15 [edição em português: Gênesis, vol 1 (Recife: CLIRE, 2018)].

necessidades, suas aspirações e alegrias, seus próprios *selves*, em Deus. Embora indivíduos e famílias possam optar por incluir outros ritos e outros ritmos em sua prática espiritual de tempos em tempos com relação a desafios ou chamados variados, as comunidades eclesiásticas concentrar-se-ão apenas nestas práticas fundamentadas na Bíblia em seu discipulado.[28]

Certamente, há mais para ser dito sobre o ascetismo cristão, especialmente no que diz respeito a virtudes ou hábitos particulares, que poderiam ser explorados em detalhes. Assim como em relação a Calvino, evitamos qualquer análise mais longa de exemplos particulares, acreditando que a necessidade fundamental atual é, novamente, uma questão de ordenação e direção. Mostramos de que maneira o ascetismo funciona como parte da fé e prática evangélica na tradição reformada e de que maneira ele ajuda a reimaginar uma visão mais espiritual da vida cristã deste lado da virada kuyperiana. Nossa esperança é fazer isto sem perder as características terrenas e a vastidão desta visão de santificação. As boas novas de Jesus chegam aos homens e mulheres nesta terra; as boas novas envolvem a promessa de que Deus os afastará de si mesmos e os atrairá para sua presença celestial (que acabará por encher toda a terra). Essa boa nova é obra de Deus e também uma promessa; essa boa nova traz a nossa transformação e assim traz a atividade ética. Embora as palavras do evangélho não dependam e nem estejam condicionadas à nossa autonegação voluntária, elas trazem esperança porque nos asseguram que Deus nos levará para fora de nós mesmos e para uma postura que nos possibilite receber vida mais ricamente dele.

---

28. Por exemplo, Calvino tem muito a dizer sobre a sabedoria dos ministros no que diz respeito à renúncia dos bens terrenos e de si mesmo no exercício de seu ofício pastoral (veja, por exemplo, *Commentary on 2 Corinthians* 13.7).

Epílogo

Irmãos, sede imitadores meus e observai os que andam segundo o modelo que tendes em nós. Pois muitos andam entre nós, dos quais, repetidas vezes, eu vos dizia e, agora, vos digo, até chorando, que são inimigos da cruz de Cristo. O destino deles é a perdição, o deus deles é o ventre, e a glória deles está na sua infâmia, visto que só se preocupam com as coisas terrenas. Pois a nossa pátria está nos céus, de onde também aguardamos o Salvador, o Senhor Jesus Cristo, o qual transformará o nosso corpo de humilhação, para ser igual ao corpo da sua glória, segundo a eficácia do poder que ele tem de até subordinar a si todas as coisas. Portanto, meus irmãos, amados e mui saudosos, minha alegria e coroa, sim, amados, permanecei, deste modo, firmes no Senhor.

Filipenses 3.17—4.1

Quando comecei a pesquisar sobre a teologia patrística e sobre a ascética puritana, nunca imaginei que seria levado às pressas para um pronto-socorro, nem que passaria um longo tempo em um hospital depois de fazer uma grande cirurgia e ser diagnosticado com uma condição crônica e grave. Como se vê, o estudo desses temas e textos provou ser uma dádiva de Deus e uma preparação para um intenso período de seis meses de luta física que resultou naquela corrida para o hospital, na estadia prolongada por lá, na cirurgia de grande porte e no diagnóstico de uma doença autoimune. Naquela época, as palavras de Paulo sobre o corpo ressuscitado e glorificado eram o texto para minhas orações diárias. Havia conforto naquelas palavras. Enquanto permaneci ali, porém, descobri que a resposta para minhas lutas corporais era menos interessante do que uma questão mais profunda. Paulo não esperou a transformação de seu corpo. Em vez disso, ele esperou "o Salvador, o Senhor Jesus Cristo", que acabou trazendo consigo inclusive a sujeição deste corpo e de seus enigmas de morte. Descobri que a beleza de Cristo, "meu amado", era muito mais interessante, gloriosa e inspiradora do que até mesmo a promessa de bens terrenos. O exemplo de Paulo a esse respeito — assim como o de Gregório de Nissa e Calvino, de Owen e Lewis — me levou a andar no caminho da mentalidade celestial. Ele envolve lágrimas, sem dúvida, mas não é o caminho da vergonha. Descobri que enquanto procuro a cura do meu abdômen, mesmo aquele bem almejado não é meu deus. Colocar minha mente nas coisas terrenas, mesmo quando dadas por Deus, seria terminar em destruição. Assim, como os mártires de nossos dias e os apóstolos do passado, desejo "permanecer firme no Senhor". E continuo maravilhado com aqueles homens e mulheres — irmãos e irmãs ao redor do mundo e através dos séculos (como o apóstolo Paulo) — que caminharam em sua jornada de tal maneira que demonstram estar se regozijando em nada menos do que no próprio Senhor, mesmo quando confrontados com desafios que eu só posso imaginar.

Que os cristãos do Ocidente moderno não percam essa esperança viva — o próprio Senhor e o caminho da sua cruz — por estarem satisfeitos com bens menores. Que nunca nos esqueçamos de que nós, juntamente com todos e quaisquer bens que recebermos, estamos, em última análise, enraizados no céu.

Artigo bibliográfico

Descobri que o testemunho dos pais da igreja antiga e dos reformados que vieram mais recentemente tem sido formativo para a contemplação de nossa esperança viva. O falecido teólogo anglicano Kenneth E. Kirk escreveu um belo volume que uniu o escatológico e o ético chamado *The Vision of God: The Christian Doctrine of the Summum Bonum* (London: Longmans, Green and Co., 1931; repr. New York: Harper & Row, 1966). Embora eu não seja anglo-católico, considero sua análise histórica e teológica um ponto de referência benéfico. A teologia ascética e a escatologia de mentalidade celestial não têm sido proeminentes nos últimos anos, mas tenho sido ajudado especialmente por alguns notáveis estudiosos contrários a esta tendência. Primeiro, fui provocado pela ética agostiniana do ascetismo e do engajamento presente em Charles Mathewes, *A Theology of Public Life: Cambridge Studies in Christian Doctrine* (Cambridge: Cambridge University Press, 2007). Embora discordando dos principais julgamentos a respeito da história intelectual e cultural, e também dos contornos específicos de sua proposta de metafísica sacramental, eu colhi algo de Hans Boersma, *Heavenly Participation: The Weaving of a Sacramental Tapestry* (Grand Rapids: Eerdmans, 2011); e, estimando suas reflexões sobre o desejo, embora com grande inquietação com relação a elementos de sua ética sexual e de sua teologia de gênero, também tirei proveito de Sarah Coakley, *The New Asceticism:*

Sexuality, Gender, and the Quest for God (London: Bloomsbury, 2015). Espero que minhas reflexões enraízem tais temas mais abertamente na exegese da Sagrada Escritura, bem como os desenvolvam de forma um pouco mais sistemática no terreno mais amplo da doutrina cristã. Portanto, as maneiras pelas quais o falecido John Webster começou a abordar a teologia ascética de um ponto de vista fundamentado na abordagem da tradição patrística e medieval de uma antropologia teológica foram bastante significativas para este direcionamento.. Ele também manteve um olhar atento sobre a preocupação da tradição reformada em permanecer vigilante no elogio à graça evangélica. Suas sondagens no ascetismo podem ser vistas especialmente em ensaios posteriores, agora publicados em *Virtue and Intellect*, vol. 2 de *God without Measure: Working Papers in Christian Theology* (London: T & T Clark, 2015).

Todos estes autores enraizaram suas reflexões na mente da igreja, de modo que fui levado especialmente a deter-me nos textos do período patrístico e do período puritano posterior. A visão beatífica e o chamado à vida ascética permearam os escritos dos pais da igreja, de modo que se pode descobrir exposições brilhantes em locais muitas vezes surpreendentes. Análises altamente significativas podem ser encontradas em Basílio, *Ascetical Works*, trad. Sister Monica Wagner, Fathers of the Church 9 (Washington, DC: Catholic University of America Press, 1962); Gregório de Nissa, *Ascetical Works*, trad. Virginia Woods Callahan, Fathers of the Church 58 (Washington, DC: Catholic University of America Press, 1967); Gregório de Nissa, *The Life of Moses*, trad. Abraham Malherbe e Everett Ferguson, Classics of Western Spirituality (New York: Paulist, 1978); e Agostinho, *Marriage and Virginity*, ed. John Rotelle, trad. Ray Kearney, Works of Saint Augustine I/9 (Hyde Park, NY: New City, 1999).

Um trabalho significativo foi realizado nos últimos anos a respeito da imaginação exegética da vida ascética, de uma maneira que mostra seus paralelos com a vida filosófica do mundo greco-romano, mas também destaca seus elementos distintamente cristãos. Especialmente úteis aqui foram os seguintes trabalhos: John Behr, *Asceticism and Anthropology in Irenaeus and Clement*, Oxford Early Christian Studies (Oxford: Oxford University Press, 2000); Elizabeth A. Clark, *Reading Renunciation: Asceticism and Scripture in Early Christianity* (Princeton: Princeton University Press, 1999); Karl Shuve, *The Song of Songs and the Fashioning of Identity in Early Latin Christianity*, Oxford Early Christian Studies (Oxford: Oxford University Press, 2016); Hans Boersma, *Embodiment and Virtue in Gregory of Nyssa: An Anagogical Approach*, Oxford Early Christian Studies (Oxford: Oxford University Press, 2013); Ann Conway-Jones, *Gregory of Nyssa's Tabernacle Imagery in Its Jewish and Christian Contexts*, Oxford Early Christian Studies (Oxford: Oxford University Press, 2014); e Thomas L. Humphries Jr., *Ascetic Pneumatology from John Cassian to Gregory the Great*, Oxford Early Christian Studies (Oxford: Oxford University Press, 2013). Dois volumes ajudaram a me orientar a respeito da amplitude do pensamento de Agostinho aqui: *The Problem of Self-Love in St. Augustine*, de Oliver O'Donovan (New Haven: Yale University Press, 1980; repr. Eugene, OR: Wipf & Stock, 2006); e Matthew Drever, *Image, Identity, and the Forming of the Augustinian Soul*, AAR Academy Series (New York: Oxford University Press, 2013).

Minha leitura da tradição reformada clássica, bem como de seus desenvolvimentos entre os puritanos, concentrou-se em alguns textos chave. Uma nova versão do engajamento de Calvino com a teologia ascética foi recentemente lançada como João Calvino, *A Little Book on the Christian Life*, ed. Aaron Clay Denlinger e Burk Parsons (Sanford, FL: Reformation Trust, 2017). Sem considerar convincentes seus argumentos históricos sobre a estrutura das *Institutas* ou sobre a cristologia de Calvino, respectivamente, eu me beneficiei de Matthew Myer Boulton, *Life in God: John Calvin, Practical Formation, and the Future of Protestant Theology* (Grand Rapids: Eerdmans , 2011); e de Julie Canlis, *Calvin's Ladder: A Spiritual Theology of Ascent and Ascension* (Grand Rapids: Eerdmans, 2010). "The Grace and Duty of Being Spiritually Minded" de John Owen pode ser encontrado em William H. Goold, ed., *Sin and Grace*, The Works of John Owen 7 (Edinburgh: Banner of Truth Trust, 1965).[1] Outras reflexões podem ser obtidas lendo Wilhelmus à Brakel, *The Law, Christian Graces, and the Lord's Prayer*, vol. 3 of *The Christian's Reasonable Service*, ed. Joel Beeke, trad. Bartel Elshout (Grand Rapids: Reformation Heritage, 1994), esp. §56-65.

Um foco metafísico no espiritual e uma tonalidade escatológica na comunhão divina não apenas induzem a uma ética de mentalidade celestial, mas também sugerem que a prática da teologia cristã deve envolver um compromisso com a contemplação. Eu regularmente conduzo meus alunos através de dois textos clássicos de teologia pastoral que diferem muito um do outro, mas compartilham essa noção fundamental de que a vida ativa do ministério cristão e o cuidado da alma permanece em pé ou cai mediante uma dimensão contemplativa permanente: Gregory the Great, *The Book of Pastoral Rule*, trans. George Demacopoulos, Popular Patristics 34 (Crestwood, NY: St. Vladimir's Seminary Press, 2007), 58-61, 68-74, 83-85;[2] e Richard Baxter, *The Reformed Pastor*, ed. William Brown (Puritan Paperbacks, 1974), 58-63.[3] Embora muitos no mundo reformado tenham evitado a linguagem da contemplação (temendo que ela tenda à especulação extra-bíblica e/ou à despreocupação com responsabilidades mundanas), procurei desenvolver um relato reformado da

---

1. N. do T.: esta obra de John Owen foi publicada em português sob título Pensando Espiritualmente (São Paulo: PES, 2010)

2. N. do. T: Edição em português: Gregório Magno, Regra Pastoral (São Paulo: Paulus, 2010)

3. N. do T.: Edição em português: O Pastor Aprovado, (São Paulo: PES, 2016)

tarefa contemplativa da teologia baseando-me no trabalho de Tomás de Aquino em "The Active and Contemplative Life: The Practice of Theology,", em *Aquinas among the Protestants*, ed. Manfred Svensson e David VanDrunen (Oxford: Blackwell, 2017), 189-206.

FIEL
MINISTÉRIO

O Ministério Fiel tem como propósito servir a Deus através do serviço ao povo de Deus, a Igreja.

Em nosso site, na internet, disponibilizamos centenas de recursos gratuitos, como vídeos de pregações e conferências, artigos, e-books, livros em áudio, blog e muito mais.

Oferecemos ao nosso leitor materiais que, cremos, serão de grande proveito para sua edificação, instrução e crescimento espiritual.

Assine também nosso informativo e faça parte da comunidade Fiel. Através do informativo, você terá acesso a vários materiais gratuitos e promoções especiais exclusivos para quem faz parte de nossa comunidade.

Visite nosso website

www.ministeriofiel.com.br

e faça parte da comunidade Fiel

Esta obra foi composta em Adobe Garamond Pro 11, e impressa
na Promove Artes Gráficas sobre o papel Avena 70g/m²,
para Editora Fiel, em Junho de 2022.